中公新書 2477

中澤 渉著

日本の公教育

学力・コスト・民主主義

中央公論新社刊

はじめに

教育を情熱的に、理想を交えながら語る人は多い。子どもなどが学ぶことを通して成長し、夢を実現できると考えられているからだ。それゆえに教育は、尊い営みと見なされ、しばしば聖域として扱われる。

一方で、教育への批判を口にする人も多い。学校や教師への不信感、学習内容に対する疑問は、マスメディアでも頻繁に取り上げられる。誰もが学校教育を受けているだけに、各人の経験に基づく発言も多く、議論は錯綜《さくそう》しやすい。

学校教育の果たすべき役割や範囲は漠然としており、必ずしも社会的な合意があるわけではない。教育問題にシンプルな解答があると考えるのは、本書とは対極的な立場だ。本書が目指すのは、公教育の社会的意義や、公教育の今後を考えるための、素材や視点を提供することにある。

公教育とは、一部もしくは全体が公費によって運営され、広く一般国民が受けることのできる学校教育を指す。その対象は、日本の法律に照らせば、学校教育法第一条の「幼稚園、小学校、中学校、義務教育学校、高等学校、中等教育学校、特別支援学校、大学及び高等専門学校」である。この第一条で明示されていない短期大学、大学院、専修学校・各種学校も、学校教育法が示す学校の一部であり、これらの学校を管轄しているのは文部科学省である。また、厚生労働省の管轄である保育所も、乳幼児の保育を担う公的機関であり、文脈によって本書では公教育の対象に含めたい。

他方、私教育（シャドウ・エデュケーションともよぶ）を担う機関（塾・予備校）や家庭教師、通信添削などの教育産業は、現代社会で一定の影響力をもち、公立学校にこれらの教育産業が参入しているケースもある。ただ、本書の扱う公教育の対象からは外しておく。

以下、本書の内容を簡単に紹介したい。

序章で、まず学校教育が直面している困難な状況を実態として把握する。さらに学校制度の仕組み、抱える問題点を確認しておく。

第1章では、近代学校制度の発達と、それに伴う家族や地域社会、労働市場との関係性の変容について考察する。学校は前近代から存在した。しかし近代国家が成立し、国家と教育制度が結びついて、「子どもは学校に行かなければならない」という規範が成立したのは、一九世紀後半だ。その後、教育制度が世界中に広がり、社会にいかなるインパクトを与えたのかを考える。

第2章では、一九七〇年代後半以降、財政難のもとで多くの産業国が直面した公教育関連の問題点を整理する。この頃から、競争や選択の自由が教育現場に導入され、それまで重んじられてきた平等主義との矛盾が露呈する。その結果、格差や不平等が議論の俎上《そじょう》に上り、教育が問題解決にどう貢献できるかが問われるようになった。

教育と格差・不平等の問題は、社会科学の古典的な研究テーマである。第3章では、教育政策に調査や社会科学が重要な貢献を果たしてきたアメリカの事例を紹介しつつ、日本の教育政策をめぐる議論で何が欠けているのかを考える。エビデンス（証拠）に基づく政策の重要性が、特に経済学者から主張されているが、ここでいうエビデンスは主として多くのケースを集めた統計的なデータを指す。そうしたデータの基本的な解釈の仕方、データ使用の意義、そして限界を説明する。

第4章では、学校教育の経済的な意義や効果を議論する。教育の経済的意義は、主張としてもっとも説得力があり、研究の進んでいる分野でもある。特に議論の多い高等教育（大学）進学の効用について、その考え方のエッセンスを紹介する。

もちろん、公教育の意義は経済的側面に限定されない。最後の第5章で、より広い意味での公教育制度の意義を考えてみたい。日本の学校や教師は、他国に比べて、学校で多くの役割を担ってきたといわれる。そこには強みもあるが、近年繰り返される改革で現場は疲弊し、負の側面も目立つようになっている。学校に対する期待の裏返しかもしれないが、何かあると学校教育のせいだ、という発言もあとを絶たない。

しかし、教育にできることには限界がある。過剰な期待は、むしろ公教育への信頼を損ねる原因となる。そうなると、公教育は瓦解《がかい》し、制度の維持自体が困難になるかもしれない。公教育そのものの意義を訴えることは重要だが、一方で教育だけでは解決できないことも多い。公教育の維持のために、私たちができることは何か、そのためのヒントが提供できればと考えている。

もくじ

日本の公教育

序章　教育の公共的意義とは何か

1　困難な局面を迎えた学校教育

人的資本（ヒューマン・キャピタル）の考え方

一九九六年一〇月、イギリス労働党の党大会で、翌年首相に就任するトニー・ブレアが、政府が最優先すべき政策の一つとして「教育、教育、教育」と三度この言葉を唱えたことは、日本でも大きな話題となった。

この演説がなされた頃から、多くの国で教育の役割が見直され、さまざまな改革が断行された。フィンランドの教育学者パシ・サールバーグは、学校選択に代表される自由の拡大、競争主義、一発勝負の試験の重視、標準化されたカリキュラム、そして低コストでの教員の雇用など、世界中で似たような教育改革が行われていると説き、これをグローバルな教育改革運動（Global Education Reform Movement：ＧＥＲＭ）とよんだ。

ＧＥＲＭには、ＯＥＣＤ（経済協力開発機構）や世界銀行といった国際機関が非常に大きな役割を果たしている。二〇〇〇年代初頭から、しばしば学力低下論で言及された生徒の学習到達度調査（Programme for International Student Assessment：ＰＩＳＡ）は、ＯＥＣＤのプロジェクトである。実際、ＰＩＳＡでよい成績を収めたフィンランドは、知識社会化と経済のグローバル化の波に教育をうまく適応させたと話題になった。

フィンランド経済の成功の背景には教育がある、そう考えた多くの国の教育学者たちがその教育実践を参考にしようと、フィンランドを訪れた。フィンランドが注目を浴びたのは、経済界の要求と教育政策の実践との間にねじれがない（あったとしても相対的には少ない）状態で、ＰＩＳＡ調査の得点が高かったからだ。つまりＧＥＲＭは、低コストで最大限のパフォーマンスを達成することを目的にしているが、フィンランドの教育政策は、ＧＥＲＭのトレンドと全く逆だったのである。

ただ、ＧＥＲＭの方向性に対する賛否は別として、「経済的成功は教育のあり方如何《いかん》で決まる」という考え方が、多くの教育関係者の間で共有されていることは、おさえてほしい。

この風潮を支えるのは、機能主義や人的資本論とよばれる考え方である。機能主義の立場に立てば、教育は社会に対して何らかのポジティブな（正の）貢献をしていると見なされる。これは、広く受容されている常識的な見解だろう。教育は、社会の中で有効に作用しており、必要不可欠とされる。

人的資本論とは、機能主義を前提として、特に経済的な面に焦点を絞り、教育のもたらす便益を理論化したものだ。そのアイディアは、一八世紀のアダム・スミスに由来し、一九六〇年代にセオドア・シュルツやゲーリー・ベッカーによって確立された。

事業や商売を行う元手となるのが資本である。個人が教育により知識や技能を習得することで、自分の収入を上げられる。だから教育は、人々にとっての資本となる。したがって、個人が授業料などのコストを支払って、教育を受ける行為は、将来所得を増やして利益を回収する投資行為と見なせる。

セオドア・シュルツ（1902～98）

さらに教育は、投資した本人のみにメリットをもたらすわけではない。より高いスキルによって生産されるものは、社会的にも価値を生む。結果的にそれらは高く取引され、めぐりめぐって社会全体の富を増やすことにつながる。そうして社会全体が豊かになる。

政府にとって、学校などの教育システムの維持は一時的なコストとなる。しかし、それは将来社会に対する投資と見なすことも可能だ。つ

ゲーリー・ベッカー(1930～2014)

まり、教育への投資は将来世代を育成し、彼ら彼女らが活躍すれば社会的な利益となって還元される。教育を受ける者の多くは若者で、ハイレベルの教育を受けた若者が社会に出て、富を生み豊かになれば、結果として税収を増やし、社会保険料が納められ、政府の運営や社会保障制度の維持に貢献する。

また教育により、道徳的な規範意識が高まったり、健康に気を遣うようになれば、治安維持や医療に対する政府の金銭的コストを減らすことにもなる。人々の意識は教育によって高められ、生活は安定し、文化的で民主主義的な社会が成立する。

以上のように、教育は投資をした本人以外の他者にも、利益をもたらすといえる。これが経済学でいう、正の外部性である。正の外部性があるからこそ、社会が教育費を負担する、つまり教育に税金を投入することが正当化されるのである。

正の外部性

かくして、教育のもたらす便益は案外大きいことに気づかされる。もし教育の便益を経済的な面に限定した場合、それをどう捉《とら》えるかの実例は第4章で紹介しよう。

問題は、経済的な指標で捉えにくい便益である。たとえば、教育の拡大による民主主義社会の定着という便益を想定したとしても、具体的な数値の形で示しにくい。そのため決定的な根拠に欠ける主張のように感じられるかもしれない。

しかしアメリカでは、数値で捉えにくい教育の便益を把握する研究が盛んだ。マイケル・ハウトは、それらの研究をレビューして、次のようにまとめている。

大学教育を受ける人の増加により、社会的生産性が増すという、経済的な正の外部性が得られる。しかし大学教育のポジティブな影響はそれに限らない。高学歴のカップルは、安定した結婚生活を維持する傾向があり、当然それは子育てにも良い影響を及ぼす。さらに高学歴の者は、健康状態が良好である可能性が高く、それに加えて、慈善事業などの社会活動に積極的に参加する傾向もある。

ハウトの言及した事例が、教育のもたらす厳密な意味での因果効果といえるのかは、より詳細かつ慎重な検討が必要だ。ただ少なくとも、ハウトの示した研究群は、社会的に望ましいとされる状態と学歴の間には、正の相関があることを実証している。

このように、教育の社会的意義を、客観的かつ実証的に提示することは、民主主義社会において人々が教育の意義を十分理解し、適切な政策判断を下すためにも必要なことである。

代議制民主主義と教育

本書では民主主義を、市民自らが考え、支配、統治することと捉える。ただ、市民自ら統治するといっても、市民全員の意見が一致しないのは普通のことだ。そこで民主主義国家では、市民が代表者を選挙で選出し、投票した者の意見を反映させる代議制民主主義を採用する。

ただ、自らが投票しなかった代表者が選ばれれば、その人の望む政策が実行される可能性は低い。自ら選んだ代表者も、その人の意思と異なる政策を選択することはめずらしくない。そのため、代議制民主主義は民意を反映しない制度だと、しばしば批判を浴びることになる。

政治学者の早川誠《はやかわまこと》によれば、代議制民主主義は、市民全員が参加する直接民主制の実現が非現実的だから、という消極的意義によってその存在が説明されるものではないという。実際、すべての有権者があらゆる政策に通暁して、的確な判断を下すのは不可能だろう。また特定の政策決定により、得する人もいれば、損する人もいる。両者の間で何らかの妥協点を探らなければ、何も決められない。

早川によれば、利害の調整役を担うのが、代議制民主主義における代表者だという。代表者は、推進する政策が、特定集団への利益誘導ではなくて、社会全体に資することを説明しなければならない。有権者も説明を聞いて、説得力があるかどうかを判断する必要がある。以上のような、代表者と有権者の相互作用により、民主主義社会は成熟してゆく。

代議制民主主義のもとでは、最終的に多数派の決定が尊重される。ただし、なぜある意見が社会の多数派を占めるようになったのか、そのプロセスが重要だ。というのも、多数派とは、単に社会の多くの意見を反映しているに過ぎず、同一意見の多いことが、自動的に正しく合理的な決定であることを意味しないからだ。だからこそ、多数派と少数派の間で、議論や交渉をする余地が生まれる。議論の結果、多数派と少数派のバランスが変わることもある。つまり正確な事実関係に関する情報、データをもとに議論を重ね、その議論の結果、人々の意見の分布がどうなったかが重要なのである。

ここからわかるのは、代議制民主主義の理念を実現するには、民主主義制度の仕組み、議論の根拠となる情報、議論の的となっている政策の内容などへの理解力や判断力が求められるということだ。その理解力や判断力を体系的に身につけさせるもっとも有力な手段の一つは、学校教育となるだろう。

新聞・雑誌・テレビなど、既存メディアに対する権力の介入や情報操作だけではなく、インターネットの発達で誰もが情報の発信者になりうる現在、正確な情報の理解や判断はますます困難になっている。これは民主主義制度の根幹にかかわる、重大な問題である。このような時代だからこそ、教育の重要性が増しているのだ。

カール・マンハイム（1893～1947）

マンハイムと「自由のための計画」

民主主義の確立と教育は、今から半世紀以上前に、社会学者カール・マンハイムによって問われてきた。

彼は一八九三年に、ハンガリーのブダペストで生まれ、知識社会学の確立で有名だ。私たちのもつ知識体系は決して中立的なものではなく、社会もしくは歴史的文脈から逃れられない。そこで社会と知識体系の関係を問うことが、知識社会学の課題となる。

一九三〇年に、マンハイムはドイツのフランクフルト大学教授に就任した。しかし、その後ナチスの政権奪取があり、ユダヤ系出身だった彼は、イギリスへの亡命を強いられた。ドイツは当時としてはもっとも先進的で民主的とされる憲法（ワイマール憲法）をもっていた。だが、民主的な仕組みや制度を有していたはずのドイツ国民が成立させたのは、ヒトラーによる最悪の独裁政権であった。マンハイムは、民主主義という仕組みに限界を感じ、悲観的な感情を抱いてイギリスに渡ったのである。

しかし亡命したイギリスでは、大枠として自由を重視する民主主義が存続し、機能していた。そこで彼が目を向けたのは教育である。個人の自由を前提にした民主主義は、制度のフレームワークだけを整えて、放置しておけば成立するわけではない。彼は、その制度と理念をともに理解し、維持に努める人間の養成が重要だと考えたのだ。それを彼は「自由のための計画」とよんだのである。

彼は、民主主義の確立のために教育が不可欠と主張し、一九四六年、ロンドン大学教育研究所（ＩＯＥ）の最初の社会学教授となった。残念なことに、翌年、五三歳の若さで急逝するが、彼の理念はその後のＩＯＥの運営に引き継がれている。

ドイツの政治・公民教育

第二次世界大戦後のドイツでは、忌まわしいナチスの記憶に対する反省に基づき、政治・公民教育についての議論が繰り返されてきた。

教育学者の近藤孝弘《こんどうたかひろ》によれば、ドイツの政治教育で強調されたのは、社会は根本的に対立を含むものだと民衆に認識させることだ。その対立関係を調整する手段として、民主主義国家があるのだ、ということを理解するのが重要だ。その理解のために、特に注目されたのは、政治的判断能力、政治的行為能力、方法的能力の三つの能力である。

政治的判断能力とは、現実の政治的争点を素材に、具体的な政治決断の内容そのものを問うことを通して養われる。政治決断の内容は、事実についての判断と、価値についての判断（この価値とは、個人的な価値観というより、人類全体にとっての、というニュアンスである）に分けられる。

政治的行為能力は、具体的には投票行動のことである。第二次世界大戦前のドイツ人も、ナチスに批判的だった人がかなりいたといわれる。しかし、その声を挙げられたのは私的な場に限られていた。つまりナチスに抵抗する具体的な行動を起こさなかったことが、結果として未曽有《みぞう》の悲劇を生んだという反省に由来する。

そして方法的能力とは、基本的な政治的リテラシー、簡単にいえば政治の知識である。この点に関する教育上のアプローチは、日本とドイツとでは若干異なる。日本では、社会について基礎的な知識を習得させることに努めるが、その知識をどう利用するかは曖昧《あいまい》で、個人の自由に任せている。その結果、政治・公民教育では、習得した知識の有無を問うか、せいぜいその知識をちりばめた個人的印象や感想を述べることに終始してしまう。

一方ドイツにおける政治・公民教育では、具体的な事例に対し、相互に対立する社会科学的な解釈の枠組みを適用して理解させようとする。そうして、一定の体系化された社会認識に裏づけられた政治的姿勢を、生徒に自覚的に獲得させるのだ。

もちろん教育は、教師という権威をもつ者が行使する権力的な営みでもある。特に価値観にかかわる問題を扱う場合、それが「教育」なのか、それとも「洗脳」や「教化」なのかは、ドイツでも問題とされてきた。だから政治教育に対するスタンスも多様であり、それぞれの立場の相互理解や融合が目指されてきた（その基本原則として、ボイテルスバッハ・コンセンサスがある。詳しくは近藤［二〇〇五］参照）。

日本では、革新系の日本教職員組合（日教組）が戦後しばらく強い影響力を維持し、権力や保守勢力が戦前の復古主義的な教育を企てているのではないかと疑いをもっていた。それに対し、政権や保守勢力は警戒感を抱き、激しい対立関係にあった。結局現場は、政治的な争点を持ち込まないことで中立性を担保しようとし、現実から遊離した無味乾燥な知識ばかりが提供されるようになった。教育社会学者の広田照幸《ひろたてるゆき》も指摘しているが、若者の政治的無関心は、こうしたあまりに脱政治化された政治・公民教育のあり方も関連しているのかもしれない。しかし、二〇一六年の一八歳選挙導入で、政治・公民教育のあり方は注目を集めている。

岐路に立つ市民性教育

ドイツに限らず、ヨーロッパやアメリカはさまざまな人種、民族、宗教の人々によって構成されている。そうしたバックグラウンドの違いを乗り越えて共存してゆくために、市民性（シティズンシップ）教育や、多文化教育の研究が進み、実践が積み重ねられてきた。日本でも、在日韓国・朝鮮人の問題、同和問題などが存在し、それに対する人権教育が長年実施されてきた。最近はニューカマー（一九八〇年代以降に日本にやってきた長期滞在者やその子ども）や、性的マイノリティ（少数者）への議論も深まっている。出自や属性に対する差別に対して、多くの日本人は厳しい目をもっているはずだ。社会一般で認知されにくかったマイノリティの問題への理解は進んだと思われる。背景には、さまざまな教育実践の貢献があったと考えられる。

ところが、そうした長年の努力を、水泡に帰するような現象が、日本のみならず、海外でも見られるようになった。インターネットでの書き込みで、露骨な差別的言辞を発見するのは困難ではない。ヘイト・スピーチは各所で散見され、嫌中・嫌韓とよばれる近隣諸国への憎悪を煽《あお》るような書物も溢《あふ》れている。またそうした発言をためらわず行う政治家も出現し、当選している現実もある。

アメリカやヨーロッパに目を向ければ、度重なるテロの影響で、イスラム教徒への偏見や差別が強まっている。実際、移民排除を唱える勢力が、一部のヨーロッパ諸国では無視できない力を得ている。そうした人々の姿勢は頑《かたく》なであり、自分の見方に強く囚《とら》われている。つまり柔軟性や他者に対する寛容さを失っている。もちろん現状をもたらした原因を、すべて教育に求めるのは、あまりに乱暴だ。

これは教育の失敗というより、インターネットのような新しいメディアの出現、テロリズムに対する漠然とした人々の不安、経済格差や不平等の拡大など、多くの要因が複合的に絡み合ったものと考える方が自然であろう。むしろ教育は、新しい現象に、これまでと違った形でどうアプローチしてゆくかが求められているといえる。

グローバルな教育改革運動と経済界の要求の矛盾

とはいえ教育が、新しい現象にどうアプローチすべきか、その方法は明らかではない。いまだ、試行錯誤の段階といえるだろう。一方で、冒頭で言及したように、効率性や合理性を追求するＧＥＲＭという世界的な教育改革の潮流が存在する。その背景は何なのだろうか。

一九七〇年代頃から、先進諸国の財政が逼迫《ひっぱく》し、充実した公共サービスの提供が難しくなってきた。一方で市民の生活水準も高まっていたため、よりレベルの高いサービスを求めるようになる。公共サービスの向上が財源不足で難しくなれば、豊かな人は自分でコストを支払ってでも、公共サービスより優れたサービスを得ようと考えるようになる。

民間サービスは競争社会で動いており、コストがあまりに高ければ買い手もつかないので、できるだけ安く効率的に運営される。ところが公共サービスは、内容が画一的で、個々のニーズに対応しているとは限らないため、不満や不信を生み出す。

この考え方を強めれば、政府の行うことはダメで、なんでも民間でやればよいという主張となる。すべてを民営化するというのは極論だが、公共部門に民間の経営手法を採用する新公共経営管理論（ニュー・パブリック・マネジメント）や、ある種の競争や成果主義といった評価システムを取り入れる動きが、一九八〇年代頃から盛んに見られるようになった。無駄を排除し、より効率的に効果を出そうとする動きを、教育も無視できなくなった。

一般的には、知識社会化が進むと、知識を習得するだけではなく、どう活用するかが問わ

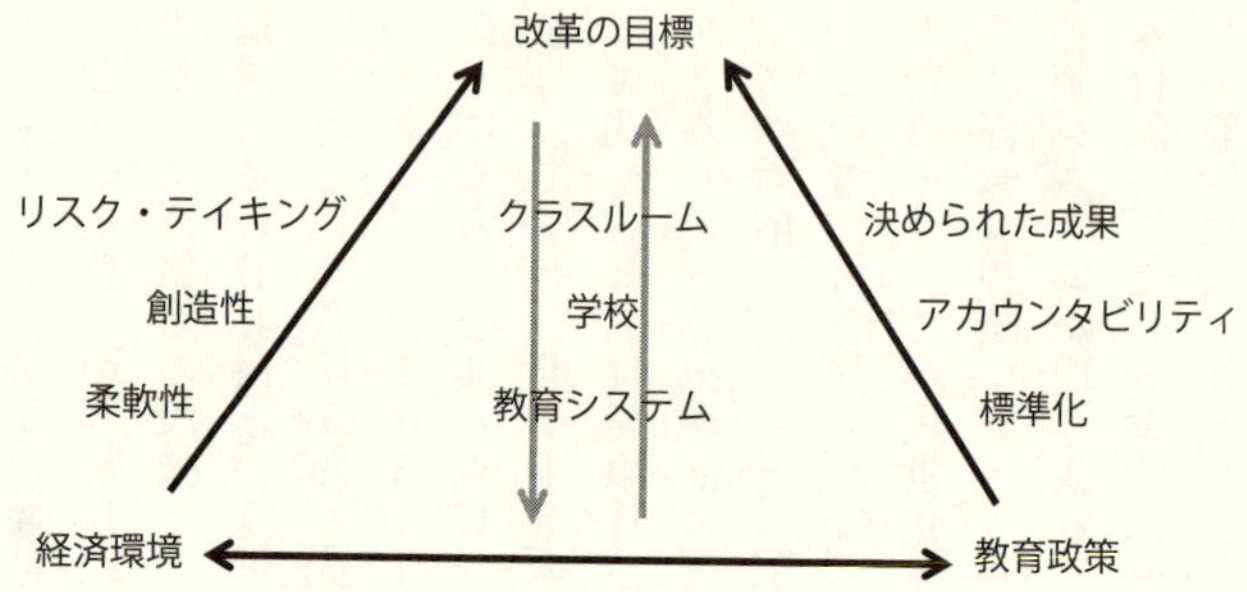

図P－1　経済活動の競争と教育改革の関係　Sahlberg 2006をもとに筆者が適宜修正

れる。単に知識やスキルの多さや高さだけではなく、それをもとにした応用力や発想力が問われる。つまり、創造力が重要なのだ。ただし何もないところに創造力は生まれない。創造力の発揮には、学校で何を習得したかが厳しく問われることになるだろう。

しかも発想を転換して、新しい試みをするのであれば、失敗するリスクは高まる。とはいえ、そのリスクを恐れていては、経済活動で高い成果を収められない。経済活動のグローバル化で競争が激化していることもあり、雇用側は、創造性に富み、高いパフォーマンスを期待できる人材を求めるようになったのだ。

教育の世界にも、競争主義や選択の自由の拡大といった市場主義的な改革が採用されつつある。しかし競争とは、ある種のスタンダードな指標があって初めて成り立つものである。価値基準の全く異なるものの間では、比較のしようがないので競争は生じない。そこで教育の場合、競争はしばしば一発勝負型のテスト（英語ではしばしばhigh-stakes test として言及される）で生じる。

その結果、生徒の成績向上が具体的な目標となり、それに向けてカリキュラムが体系化される。そして教育活動の成果は、基本的にテストの成績に基づいて評価される。教育政策の有効性自体も、成績というパフォーマンスが向上したか否かで測られ、パフォーマンスが上昇すれば、胸を張って納税者に対する説明責任が果たせる。

そこで教育現場では、一定の価値基準のもとにつくられた指標で、高いパフォーマンスを出せる人材が養成されることになる。ただ、経済界が求めるような、創造性に富み、型破りで高いパフォーマンスを発揮できる人材が、その一定の価値基準のもとで発掘できるのか、またそういう人材を養成する方法論が存在するのかは、議論の余地があるだろう。

教育政策を実際に実行するのは学校だ。ところがサールバーグが指摘するように、経済界と教育政策は一見同じ目標を掲げているように見えて、学校では経済界の求めと反対のことが実践されている。つまり経済界と教育政策の要求にはねじれがあり、学校現場はその狭間《はざま》で苦闘している。柔軟性や創造性を要求されながら、学校のカリキュラムは標準化され、画一的な基準のテストで高得点をとることが目標とされる。また、学校への評価が厳しくなるので、教育現場ではリスクをとるような実践は難しくなり、むしろ世間の批判に遭わないように萎縮《いしゅく》するようになってしまう。

世界的なＧＥＲＭのトレンドは、経済界の要求と矛盾している、というのがサールバーグの見方である。もっとも競争というと、他者を蹴落《けお》として勝ち上がる、という利己主義的なイメージをもつ人も多いだろう。しかしそれは一面的な理解である。

経済学者の大竹文雄《おおたけふみお》が述べるように、競争をなくせば教育現場の問題が解決するわけではない。現実社会には競争的な場面が多々存在し、そこには勝者もいれば敗者もいる。しかし現実の競争では、努力や能力が直接勝負に反映するとは限らず、運もかかわる。そう考えれば、敗者に対する眼差《まなざ》しも変わるだろう。こうした思考は、実際の競争の経験から育まれるといえる。さらにチームで競争を行う場合、学校、教師、子どもの共同作業を伴うため、競争が利他主義を涵養《かんよう》する可能性すらある。

サールバーグは、特定の狭い分野での、短期的な成果に縛られるべきではないと述べる。短期的な成果に縛られれば、現場はギスギスしたものになる。最終的に、短期的成果を求める姿勢は、経済界の要求と矛盾するものとなり、学校現場は混乱を来してしまう。

教育現場で柔軟性やリスクのある選択を許容するような雰囲気がなければ、創造性が育まれるはずがない。また本来、そうしたリスクを許容する場所が、学校なのではないか。失敗から学べることも多いからだ。しかし事態は全く逆の方向に進み、今や教育現場はゆとりのない方向に進んでいる。

2　日本の学校教育制度

学校の法的位置づけ

現在の公教育が抱えてきた問題や矛盾を、大まかに振り返ってみた。ここからは、日本の学校制度や公教育について、基本的な知識をおさえておきたい。

日本の教育全体の基本的原則・原理は、一九四七年に公布・施行され、その後二〇〇六年に改正された教育基本法で定められている。教育基本法第六条には「法律の定める学校は、公の性質を有するものであって、国、地方公共団体及び法律に定める法人のみがこれを設置することができる」とある。

より詳しい学校の法的な位置づけは、学校教育法により定められている。具体的には「はじめに」で述べたように、学校教育法第一条で列挙されていることから、これらの学校は一条校とよばれている。

第一条で明示的に書かれていない公的な教育機関としては、まず短期大学（通称、短大）があげられる。短大は一九五〇年に発足したものだが、法令上は大学の一類型である。

第二次世界大戦後に、日本の教育制度が大きく変革される際、旧制の専門学校から新制の大学へと転換が行われ、その中に大学設置基準に満たない機関が多数存在した。ただ、当時の日本の経済状態からも、その条件を満たすような機関の整備は困難であり、暫定措置として設けられたのが短大である。

したがって、当初の学校教育法の短大に関する条文には「当分の間」という言葉が付加されていた。現在はこの文言が削除され、短大も恒久的な制度上の学校と位置づけられている。つまり現実を条文が追認した形になった。

大学院についても、学校教育法における大学の項目に定めがある。第九九条で「学術の理論及び応用を教授研究し、その深奥をきわめ、又は高度の専門性が求められる職業を担うための深い学識及び卓越した能力を培い、文化の進展に寄与することを目的とする」とあり、大学制度の枠内で規定されている。

一九六二年に発足した高等専門学校（通称、高専）は、中学校を卒業した生徒が、五年間で、高度な職業専門能力を習得することを目的として設置された。経済成長期に、専門性をもち、現場で働ける職業人の養成機関（専科大学）の設置を希望する声が産業界で高まっていた。つまり高等学校（高校）と四年制大学の間に位置づけられる高度職業機関となる。しかし、すでに定着しつつあった短期大学と競合関係にあるため、「大学」という呼称は避けられた。専門は工学と商船系がほとんどを占め、就職状況は二〇一〇年代に入っても非常によい。しかし数が少ないため、社会における認知度は必ずしも高くない。

また一般には専門学校とよばれている専修学校は、一九七六年に発足した。もともとは

「学校教育に類する教育を行う」各種学校の位置づけであり、一定の基準を満たすものが専修学校となった。

専修学校は一条校には含まれない。厳密に定義すれば、中卒者（中等教育学校前期課程を含む）の入る高等課程と、高卒者の入る専門課程に二分でき、高等課程のある専修学校は高等専修学校、専門課程のある専修学校を専門学校とよぶ。入学者の資格を問わない専修学校は、一般課程とよばれる。各種学校は専修学校発足後も残っており、教育内容の点では専修学校と重なる部分も多いが、概して要求される設置条件は、各種学校の方が緩い。

学校教育段階の区分

学校教育は、初等・中等・高等の三段階に区分される。小学校に入学する前の幼稚園は、就学前教育とよばれる。この区分は国際的に用いられるが、日本の制度に即して説明しよう。

保育所（保育園）の存立根拠は児童福祉法で、管轄は厚生労働省である。利用者側の認識はともかくとして、法的な保育所の目的は教育ではなく、あくまで保育である。しかし少子化や共働き世帯の増加で、利用者にとってはこうした区分に積極的な意味は見出しにくく、縦割り行政の負の側面が表れている典型的な例である。

特に幼稚園は、子どもの帰宅時間が早く、長期の休園があるなど、仕事をもつ親のニーズにマッチしていない。一方で保育所の待機児童問題が、都市部を中心に深刻な社会問題となっている。そこで縦割り行政の弊害を克服し、保育所と幼稚園を一元的に運営する幼保一元化が注目されている。それを具体化したものが認定子ども園であり、近年急増している。

就学前教育の在籍率について国際比較を行う際には、日本は幼稚園だけではなく、保育所や認定子ども園在籍の幼児を含めて算出している。

二歳児で保育所に入所しているのは三割強程度だが、三歳児になると幼稚園もしくは保育所に入所する子どもは八割を超え、四歳児以上になるといずれにも入所していない子どもは数パーセントしかいない。つまり日本人の子どもは九五パーセント以上が何らかの就学前教育を受けており、内訳をみると四歳児以上では若干幼稚園の方が多い。しかし先述したように、伝統的な形態の幼稚園は働く親のニーズにマッチしていないため、その数は減少傾向にある。

初等教育は小学校六年間、中等教育は中学校・高校、もしくは中等教育学校の六年間が該当する。高校の正式名称は高等学校なので紛らわしいが、高校は中等教育であって、高等教育ではない。中学校を前期中等教育、高校を後期中等教育とよぶこともある。

短大、大学、大学院は高等教育である。高専は中学校を卒業してすぐに入学できるが、五年一貫教育のため卒業する際には（現役で進学した場合の）短大生と同じ年齢となる。したがって高専は高等教育に位置づけられ、卒業すれば高等教育修了となる。狭義には以上が高等教育機関だが、一部の専門学校では専門士・高度専門士の称号が付与され、短大・高専相当と判断され、大学への編入学も可能である。したがって、これらの専門学校を高等教育に含むこともある。

二〇〇六年改正教育基本法では、大学について新設条項が付け加えられた。第七条で「大学は、学術の中心として、高い教養と専門的能力を培うとともに、深く真理を探究して新たな知見を創造し、これらの成果を広く社会に提供することにより、社会の発展に寄与するものとする」と定められている。つまり大学（短大や大学院を含む）は、既存の知識やスキルを学生に一方的に付与するだけではなく、自ら知識やスキルを生み出し（開発し）社会に普及させることも期待されている。

中等教育機関の教員には免許が必要だが、高等教育機関の教員には不要だ。高等教育機関の教員は、公的な免許や資格というより、それぞれの専門分野における研究能力が問われる。もちろん最近は、高等教育機関の教員の教育力も問題にされるようになり、大学でもファカルティ・ディベロップメント（FD）とよばれる研修が義務化されている。しかし高等教育機関での教育力の判断は、資格や免許で問われているわけではない。こうした点にも、中等教育以下と高等教育に対する社会的な役割への期待の違いが表れている。

アメリカで教育について論じるとき、頻出する言葉にK12（ケイ・トゥウェルブと発音する）がある。Kはkindergarten（幼稚園）、12は小学校から高校までの通算の教育年数である一二年を指している。つまりK12とは、高校以下の教育段階全体を意味する。アメリカでも、高

学校段階	ISCED(2011)の分類	日本で該当する学校
就学前教育	0 Early Childhood Education	幼稚園（保育所・認定子ども園）
初等教育	1 Primary Education	小学校（特別支援学校小学部を含む）
前期中等教育	2 Lower Secondary Education	中学校（特別支援学校中学部を含む） 中等教育学校前期課程
後期中等教育	3 Upper Secondary Education	高等学校（特別支援学校高等部を含む） 中等教育学校後期課程 高等専門学校（前期の３年） 専修学校高等課程
中等以降 高等以前教育	4 Post-secondary Non-tertiary Education	高等学校の専攻科 短大・大学別科（いずれも極めて少なく、国際比較データにおいて日本はこのカテゴリーを使用していない）
短期高等教育	5 Short-cycle Tertiary Education	短期大学（専攻科を含む） 高等専門学校（後期の２年・専攻科を含む） 専修学校専門課程
学士課程	6 Bachelor's or Equivalent Level	大学学部（医歯薬の６年制を含む）
修士課程	7 Master's or Equivalent Level	大学院修士課程・専門職学位課程
博士課程	8 Doctor's or Equivalent Level	大学院博士課程

表Ｐ－１　日本の学校制度と国際比較分類の対応表　出典：ユネスコの分類（http://www.uis.unesco.org/Education/Documents/isced-2011-en.pdf）および http://www.uis.unesco.org/Education/ISCEDMappings/Pages/default.aspx に基づく

校以下の教育段階と高等教育では異なる役割が期待されていることが、こうした用語から理解できる。

国際比較を行う際には、国際連合教育科学文化機関（通称ＵＮＥＳＣＯ）の策定した国際標準教育分類（International Standard Classification of Education：ＩＳＣＥＤ）の分類が用いられる。この分類に基づけば、専門学校は高等教育（短期高等教育）に含まれる。

表Ｐ－１が、それをとりまとめたものである。ＩＳＣＥＤの１が初等教育、２・３が中等教育、５から８が高等教育に分類される。この分類が、学校教育を語る際の基礎となる。

日本の公教育費の負担水準

国際的にみた日本の教育の問題点として、しばしば指摘されるのは公教育費の少なさである。特に問題となるのは、主として就学前教育と高等教育である。経済規模（GDP）に比して、公教育費の負担が先進国中最低レベルだが、その要因は就学前教育と高等教育における公教育費負担割合の低さにある。

次ページの図P－2はOECDのデータをもとに作成したもので、公私を区別しないトータルの高等教育に対する費用負担の対GDP比を示している。日本は一・六パーセントであり、これはOECD平均とほぼ同じである。高等教育にかかるコストの総量は、ほぼ平均レベルであり、国際的にみて特段多いとも少ないともいえない。

棒グラフの濃い灰色は公的負担、つまり政府の支出を示し、薄い灰色は私費負担を示している。日本は他国と比べて著しく濃い灰色が少なく、〇・六パーセントしかない。OECD諸国の中で最低である。要するに、日本の高等教育は、多くの私費負担に依存することで、辛うじてOECD平均水準のコストをかけることが可能になっている。

一方、図P－3は、『教育社会学研究』という学術雑誌に掲載された潮《うしお》木《ぎ》守一《もりかず》の一九六二年の論文から、筆者が作成したものである。データは一九五四年のもので、今となっては貴重な記録だ。戦後間もない日本は、ポルトガルを除くほとんどの西欧諸国の一人あたり国民所得を大きく下回っており、まだ貧しかった。しかし国民所得に対する公教育費の比率はず

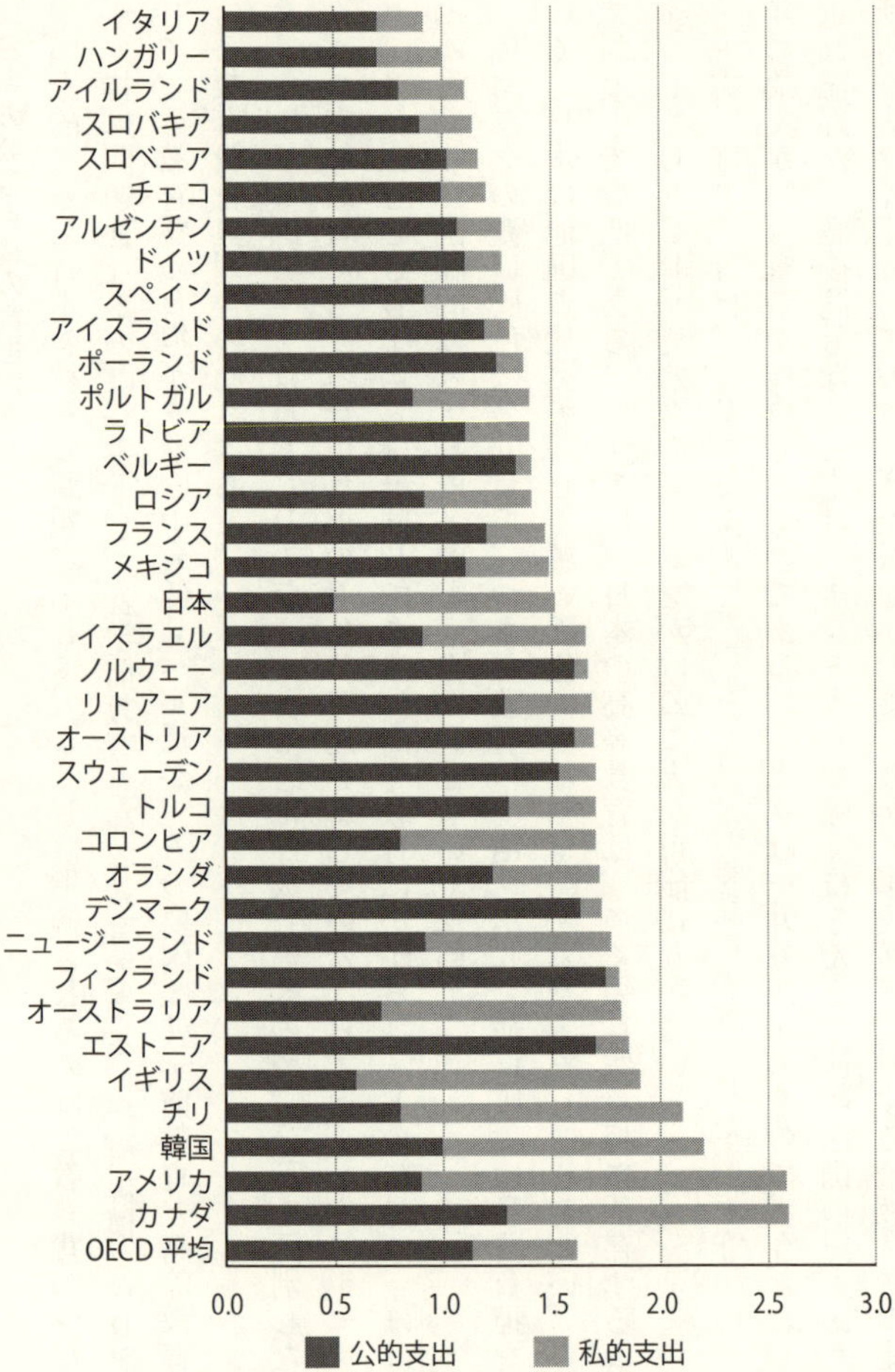

図 P－2　高等教育機関への支出対 GDP 比（2014）　出典：OECD（2017）
Education at a Glance: An OECD Indicator. p.189

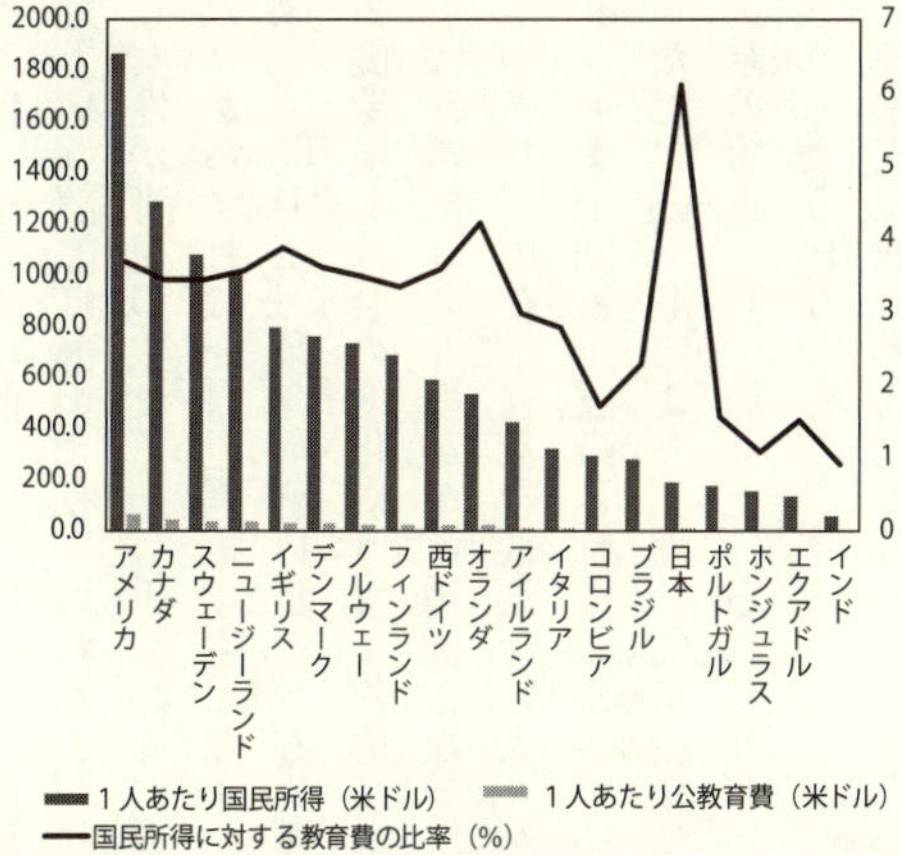

図P－3　国民1人あたりの国民所得と教育費（1954）　出典：潮木（1962）p.98の第2表

ば抜けて高い。冷戦体制にあった当時のソ連は、正確なデータを公表していなかったが、ほぼ日本と同水準の公教育費を負担していたと言われる。

図P‐2と比較すると、驚くべき結果である。こうしたデータをみると、戦後の日本は他国に比して相対的に教育に価値を置き、それが経済成長の原動力になった可能性も否定できない。

これはシュルツやベッカーが、人的資本論の論文を世に問う一〇年ほど前のデータである。アメリカをはじめ、多くの西側先進諸国が、経済成長に果たしうる教育の重要性を認識するようになり、公教育費を増額してゆくのは、人的資本論が人口に膾炙《かいしゃ》して以降のことである。

教育を自己責任とする社会

就学前教育についても、現実には子どもの多くにとって必要なものだ。しかしおそらく日本では、子育ては個人の自由な選択の結果と理解されており、社会としてサポートすべき問題という認識は薄いように思われる。

女性が育児の主たる担い手であるべき、と考える層は、依然一定程度存在しており、その人々からすれば、自己選択で生んだ子の育児を外部化することが自分勝手と映るのかもしれない。現実に、保育所を必要とする共働きの親の多い都市部での保育施設不足は深刻であり、労働環境も社会の変化にうまく対応できているとは言い難い。これらの要因が重なり、子育ては非常にコストのかかる選択となっている。

つまり、現在子どもをもたない人々からみて、子どもをもつことによるデメリットが、メリットを上回ると認識されてしまっていることが、日本の少子化の根底にあるだろう。

ただ二〇一七年より、部分的に給付型奨学金制度が創設されたり、就学前教育の無償化が選挙の争点として取り上げられたりして、デメリットを少しでも取り除こうという議論はなされるようになった。

日本人は教育熱心だと言われることがある。しかしそれは、自分の子に対しての話だ。親（保護者）は無理をしてでも教育費を払う。つまり親は、そのようにして子どもに教育を受けさせるのが当然の務めだ、という暗黙の了解がある。そこには、教育を通して社会全体に還元する、という視点がない。だから教育費負担に喘《あえ》ぐ、子どもをもつ家庭を除けば、教育費に対する世論、要求はなかなか高まらない。矢野眞和《やのまさかず》らはこうした日本人の公教育費に対する無理解を指し、「教育劣位社会」とよんだ。

もちろん教育への熱心さには家庭による違いがある。それはしばしば、家庭の豊かさ、保護者の社会的地位（職業や学歴）と関連している。「教育を受けたい人間が、自分で負担して進学すればいい」という姿勢は、教育選択の自由を保障しているかのようにみえる。しかし見方を変えれば、出身階層による教育達成の不平等も、本人の選択の結果と解釈され、自己責任論を補強するものとなる。

大学などの高等教育進学に対して、公的な財政支援が脆弱《ぜいじゃく》な理由の一つは、人々の要求が相対的に弱いからではないかと、筆者はかつて国際比較調査から推測した。そうなってしまったのは、日本では就学前教育や高等教育は保護者が負担してきた長い歴史があり、公的にサポートすべきという理解がほとんど浸透する余地がなかっただけではなく、それらが公的に支える価値のあるものと見なされていなかったからだろう。

アメリカでは、大学（高等教育機関）の正の外部性を実証する研究が多く見られるが、日本はそういった研究がまれである。教育を担う側に、教育の重要性を説得力のある形で社会に訴える姿勢が欠けていたのではないか。政策決定のための大きな流れをつくるためには、人々の理解と共感が前提となるのだ。

第1章　社会変動と学校・家族

1　近代国家と学校制度の誕生

コンドルセの学校教育案

現代社会では、通うことが自明視されている学校。しかし、日本の学校制度の発足は一八七二年であり、わずか一五〇年程度の歴史しかない。

そもそも、同年代の子どもが皆学校に通うという学校制度は、近代国家の成立が必要条件となる。最初に国家と学校制度を結びつけて教育を論じた一人が、一八世紀フランスのコンドルセである。彼は教育を、国家の義務と考えた。市民を特権階級の支配から解放しただけで、格差がなくなるわけではない。不平等の縮小、市民社会を担う市民性（シティズンシップ）の涵養、そのためにも教育が必要だと考えたのだ。

したがって彼は、身分制に結びつきやすい複線型ではなく、単線型学校システムを構想し、当時としては画期的な男女共学を唱えた。

複線型学校体系においては、高等教育への進学を目指すアカデミック系の学校と、職業訓練を中心とする学校が別の組織体系として存在し、進んだ学校によって将来の進路が制度的に制約される。現在でもドイツは採用しており、戦前の日本もそれに該当する（なお、現在多くの国の小学校は全員共通のカリキュラムであり、学校組織の分岐が始まるのは中等教育からなので、分岐型学校体系と呼ぶこともある）。

一方、単線型学校体系の学校組織に、そのような区別は存在しないか、あったとしても境界は緩やかである。代表的な例はアメリカであり、戦後の日本はアメリカに倣って単線型教育体系へと改革された。たとえば、確かに日本の高校には学科が存在する。しかしいずれの学科であれ、高校を卒業すれば大学入学資格は得られる。つまり職業系の学科に進んだからといって、進学は妨げられない。学校の組織体系としては、シンプルな構造となっている。

さて、コンドルセを生んだフランスは現在も、政教分離の原則（ライシテ）が徹底されている。ここでの政教分離とは、信教の自由を根拠として政治が宗教に介入しない、という意味ではない。むしろ、宗教が政治権力を掌握し、横暴を極めるのを防ぐことを想定している。

前近代において、学校教育は宗教機関によって運営されるのが普通だった。コンドルセは宗教と公教育を切り離して世俗化し、教育は知育に限定されるべきと説いたのだ。

しかし、時代はコンドルセに追いついていなかった。今では当たり前とも思える理念が実行されるには、もう少し時間が必要であった。

イギリスにおける近代学校の発足

私たちがイメージする学校制度の起源は、イギリスに求められる。柳治男《やなぎはるお》によれば、一斉授業の始まりは一九世紀初頭に遡《さかのぼ》る。それ以前の、庶民が受ける教育は、個別指導が前提であった。しかし産業革命以後、ロンドンの一部にスラムが出現し、スラムの貧しい多くの子どもを効率的にとりまとめる必要が生じたのである。

同じ頃、当時イギリスの植民地だったインドのマドラス（現チェンナイ）においても、イギリス人の兵士と現地女性との間にできた多数の混血児の処遇が問題となっていた。全く偶然だが、こうした要請に対応する方法として編み出されたのが相互教授法であり、これが私たちのイメージする学級指導の起源である。

教師が生徒に一対一で指導するのは、生徒の数だけ教師が必要となり効率的ではない。そこで有能な生徒を選び出し、まず教師がその生徒に読み書き計算（reading, writing, and arithmetic の三つを指すので、3Rs［スリー・アールズ］とよばれる）を教える。その生徒は、教師役となって他の生徒に指導する。この方法は、モニトリアル・システムとか、発明者の名前をとってベル＝ランカスター・システムなどとよばれる。

詳細は柳の著作に譲るが、事態が変わったのは一八三三年に開始された学校設置のための補助金制度であり、これが国家による教育への介入の始まりとされる。ただし国家が学校を設置する発想はまだなかった。ベル＝ランカスター・システムを普及させていたのは、国民協会と内外学校協会という二つの民間団体であり、政府はこの二つの民間団体の傘下で、団体の方式に沿って設置した学校のみに補助金を与えたのだ。民間団体を通さず、教育委員会から直接学校設置者に補助金を支給するようになったのは、それから六年後のことだ。

その後、モニトリアル・システムは徐々に、私たちがイメージする教室空間に変貌《へんぼう》を遂げ、一斉授業が可能となり、それぞれの教室で授業を実施する教師が必要とされた。ここに至り、学校施設のみならず、体系的な教員養成や教育内容の整備も求められるようになった。

なお国民協会は英国国教会に近く、学校も教会制度に組み込まれていた。それに対して内外学校協会は宗派的に中立を謳《うた》っており、その学校システムはアメリカに伝えられて大成功をおさめた。英国国教会では宗派間の対立が顕著であり、英国国教会に近い国民協会の学校を政府が支援することは、宗派間の対立を激化させる可能性があった。

だから宗派間の対立を乗り越え、国家が学校システムを包括するには、内外学校協会型の中立性を備えた学校を創設するしかなかった。かくして、内外学校協会の設置した学校は、宗教性を排除した公立学校として生まれ変わったのである。

国民国家の成立

一九世紀に成立した学校教育制度は、近代国家の存在を前提とする。この時期に起こった変化は、学校教育制度の発足だけではない。

まずイギリスに端を発する産業革命がある。イギリスでは名誉革命後の「権利の章典」発布（一六八九年）以降、王に対する議会の優越が認められ、議会制民主主義の基盤が確立した。

さらにイギリスは多くの植民地を抱えており、貿易を通じて国内資本の蓄積が進んでいた。大陸ヨーロッパに比して、安定的な政治基盤を構築していたため技術革新も進んだ。また一八世紀末頃より、穀物増産のために高度集約農法が推進されることとなり、議会の後押しで開放耕地を統合、所有権を明確化する第二次エンクロージャー（囲い込み）が行われた。これにより締め出された農民の賃労働者化が、産業革命を後押しした。

一方、アメリカ独立革命やフランス革命は、共通言語や慣習をもつ民族を国民と位置づけ、国民主体の国家（国民国家）を築く機運を高めた。この動きは、ナショナリズムや基本的人権思想を発展させ、ナポレオン遠征を通じて、これらの思想がヨーロッパ各地に伝えられた。その結果、民族主義が喚起され、国民を主体とする国民国家が生まれることとなった。

学校教育制度も、ナショナリズムや基本的人権などの思想とともに伝わったものの一つである。そして後に、その学校を通じて、国民国家を構成するのにふさわしい市民像や価値観が定着してゆくこととなった。

前近代の「学校」と、近代の学校の違い

しかし学校とよべるものは、歴史を遡れば近代以前にも存在した。現在にも脈々と受け継がれている、ヨーロッパの都市にある大学（ボローニャ、パリ、オックスフォード、ケンブリッジなど）は中世に設立されたものだ。さらに、日本にキリスト教を伝えたイエズス会は、教育事業に熱心だったことで知られる。尾中文哉《おなかふみや》によれば、イエズス会学校では古くから、競争試験が活用されていたという。

また日本最古の学校とされるのが、栃木県にある足利《あしかが》学校である。設立時期は諸説あってはっきりしないが、室町時代中期までには、その存在が確認されている。

江戸時代には、多くの藩が有能な人材を養成するために、藩校を設置した。藩校での教育課程は体系化されており、近代学校のイメージに近い授業が行われていた。一方、庶民の「学校」として、寺子屋の存在が知られているだろう。寺子屋は全くの私的な教育施設であったから、規模、就学年齢、教え方、教える内容や教材もバラバラであった。

機能的な面では、こうした前近代の学校も、近代以降の学校も、知識を付与するという点で共通している。では前近代の学校と近代の学校、一体何が異なるのか。

近代という時代の特徴に言及する際、しばしばフランスの歴史家フィリップ・アリエスが

取り上げられる。彼は図像資料や私的な文書を手掛かりに、当時の人々の心性（マンタリテ）を浮上させる手法を編み出した。そして「子ども」という概念が近代以降の産物だと指摘し、社会学や教育学の、特に歴史研究に大きなインパクトを与え、社会史研究のブームを生んだ。

彼の議論で重要な点は、次の二つである。一つ目は、「子ども」という概念や類型自体、近代に入るまで存在しなかった点である。換言すれば、「子ども」という名称はなく、単に未熟な小さな大人と見なされていただけであった。そして彼ら彼女らは成長して、一定のことができるようになれば、いつの間にか大人と同じ仕事に従事していたのだ。

二つ目は、「子ども」という概念の誕生で、子どもは「大人」から切り離された点だ。それも単に概念レベルの問題ではなく、物理的に子どもを大人から隔離したのが学校だった。つまり近代以降、「子ども」は「大人」とは異なる存在だと見なされるようになった。子どもは、大人と異なり純真無垢《むく》で、保護や教育が必要とされる存在なのだ。そして単に「大人」と「子ども」が区別されただけではなく、子どもはこうあるべきという社会的な規範性を帯びた存在になったのである。

かくして学校は子どもを保護し、教育する施設となった。それゆえ子どもを学校に通わせることが当然となり、学校教育は国家によって制度化された。言い換えれば、学校に子どもを通わせないことは非人道的であり、子どものもつ当然の権利の侵害になる。これこそが、近代学校の発足で根本的に変わった部分である。これ以降、国家のお墨付きを得た学校は、社会に不可欠な存在として根を下ろしてゆくのである。

2　教育に及ぼす家族役割の変容

社会集団の類型

一九世紀、フランス革命後の不安定な状況にあって、強い社会改革志向のもと、実証的に当時の社会状況を把握しようと努めたのがオーギュスト・コントである。社会学という用語を初めて用いたコントは、一般的に、社会学の創始者として認知されている。

当初の社会学は、生物進化論の影響を受け、何らかの法則に則《のっと》って社会が移行・発展していくという考え方のもとで、時代ごとの類型的な把握を行うことが重要な課題となった。特に産業革命以降に起こった「近代」という時代の性質が問われ、当時の社会学のいくつかの著作は、現代でも古典として読み継がれている。

それらの社会学研究から生み出された社会類型や集団類型を整理したのが、表1－1である。もちろん理論的な着眼点は異なっているので、それぞれが微妙に異なる意味をもつ。ただし対比されている二つの集団・社会のうち、前者が自然発生的に生じた基礎的なもので、後者が何らかの目的に沿って人為的に形成されたものである点は共通している。

ハーバート・スペンサー、エミール・デュルケム、フェルディナンド・テンニースによる

類型	提唱者	類型の基準
軍事型社会 産業型社会	スペンサー	軍事的統制を主とし、個人が全体に奉仕する／自由で自発的に産業に従事する
機械的連帯 有機的連帯	デュルケム	類似した個人が没個性的に結合した社会／異質の機能をもつ個人が分業に基づき結合する社会
ゲマインシャフト ゲゼルシャフト	テンニース	自然発生的に作られる本質意志という共同性を基礎とする社会や集団／思考し人為的に形成された選択意志のもと、打算的に成立した社会や集団
生成社会 組成社会	ギディングス	地縁や血縁のような同類意識に基づく社会結合／目的を共有することによる機能的結合
第一次集団 第二次集団	クーリー （とその後の社会学者）	親密で対面的な接触を特徴とする集団／特定の目的のため合理的に組織された間接的接触を基礎とする集団（ただし第二次集団は後の社会学者が第一次集団への対概念として提唱したもの）
コミュニティ アソシエーション	マッキーヴァー	共同的な関心が自生的に満たされる生活領域／個人の関心を満たすために作られる組織や結社（コミュニティを構成する要素でもある、という点で併存が可能）
基礎社会 派生社会	高田保馬	基礎的・自然的な地縁や血縁などの紐帯からなる／文化の発達で文化的類似性や利害の共通性を紐帯とする集団が派生する
基底的社会 機能的社会	福武直	人間生活にとって基礎的な社会や集団／特定の機能や目的を果たすために人為的に形成された集団

表１－１　社会学における主な社会類型・集団類型のあり方

類型では、前者主体から後者主体への社会の移行という変化が想定されている。それ以外の類型は、そうした変化を認めているものもあるが（高田保馬《たかたやすま》など）、基本的には近代社会以降も両者の類型が併存しうると考えられている。

言うまでもなく、家族や親族は前者に該当する。たまたま生まれ落ちた地域社会も、前者に該当するだろう。一方、会社組織、官僚制組織、学校、宗教団体などは後者に属する。こちらは、どちらかといえば、近代以降に発展を遂げた組織集団が多い。

プライベートな空間としての家族の成立

多くの場合、人々が生まれて最初に過ごす社会集団は家族である。環境の影響を受けて何らかの資質を獲得し、適応していくプロセスを社会化とよぶ。一般的に、人々が最初に社会化を行う場が家族である。それゆえ家族は、社会学的に基礎集団として注目されてきた。

私たちがイメージする家族も、社会史や歴史人口学に基づけば、近代の装いを纏《まと》っていることが理解できる。社会学者の渡辺秀樹《わたなべひでき》の整理に基づけば、子どもが社会化を行う家族は、以下のような変化を遂げてきたことになる。

まず前近代社会は、ある種の伝統文化のもとで統合されている。その社会は、比較的狭い地域や親族集団で形成されているが、それは個別の狭い（カップルとその子で構成される）核家族のみで構成される社会ではないことを意味する。つまり、前近代社会の生きる場は、閉鎖的な核家族で完結せず、コミュニティ内部の人々の相互扶助によって維持される。したがって、親が単独で子どもに対する権威を行使できず、地域や親戚《しんせき》の年長者にもその権威が分散し、またそうした複数の年長者によって子どもは拘束、保護される。

しかし近代に入り、特定の目的に沿った組織集団が次々と生まれる。産業革命による技術革新や科学の進歩もあり、大量生産による資本の蓄積のために、効率的な組織運営や官僚制化が進む。都市部では、近代化された目的合理的組織で働く人々が増え、その人々を中心に職住分離と分業化が進む。この過程で定着するのが、性別役割分業である。ここにおいて、親（特に母親）が子育ての主たる役割を担うようになる。

こうなると家族は、地域社会や親族集団から切り離され、独自の空間を保つようになる。家族のプライバシーの成立だ。したがって家族にとって、自分たちを取り巻く社会は無関係ではないものの、社会の規範（ルール）は、親というフィルターを通して子どもに伝えられる。親は子どもの社会化を独占的に担い、対照的に地域や親族がもっていた社会化の機能は減退する。つまり子どもの成長にとって、家族の役割はより大きくなる。

近代以降の社会では、建前として、「自由」という価値観が重んじられている。したがって、プライベートとしての家族の選択の自由が保障されるようになるが、その代わり、生じた結果は自らの責任に帰せられる。これが進むと、プライバシーがあることで、家族の中で起こっていることを周囲の人間は認識できないし、また家族としての選択の自由が保障されている以上、他の家族に他者が口を挟むのは困難になる。育児に悩む母親が、周囲に相談できず育児ノイローゼに陥ったり、子どもの死という事件が起きて、ようやく児童虐待が明るみに出たりする、といった現象の起こる要因の一つは、社会から家族の隔絶や孤立が進んだことにあると解釈できる。

学校教育に対する家族のサポート

一方、国家のもとで学校制度が整備され、子どもは学校で多くの時間を過ごすようになった。近代以降、学校は子どもを一ヵ所にとりまとめ、効率的に教育する組織である。そして国家が学校という仕組みを利用し、子どもたちを国民として育て上げる。

家族は、国家が先導する学校教育を支える役割を担わされる。こう書くと、戦前の軍国主義的な教育をイメージしてしまうかもしれない。しかし、そこまであからさまでなくとも、たとえば経済システム（労働市場）の要求に応える（よい就職ができる）ように、教育費をつぎ込み、習い事に勤《いそ》しめる資源を家族が調達し、結果として現行の社会体制の要求に忠実な人間を育て上げると解釈すれば、あながち過去の話とはいえなくなる。

シニカルな見方をすれば、意図しているか否かは別として、国家のような大きな体制が、家族の結合性を巧みに利用して社会統制を図っている（本人や家族は、国家権力の構造に組み込まれていることを自覚しないまま、権力の要求に自主的に従っている）とも考えられる。

近代家族の特徴は、愛情という情緒的関係を基礎に結びついている点にある。これは家族がプライベートな領域と化している証拠だ。したがって、国家や社会が家族制度を利用するといっても、プライバシーの観念は根付いているので、家族内の関係には簡単に踏み込めない。社会と家族の間には、一定の境界が存在する。

つまり「家族は愛情をもっているのが当然」という規範が社会に浸透したので、わざわざ家族内部の人間関係に国家や社会が口を出す必要はないし、それはできない。むしろ国家は家族の結束に関する規範を強化しつつ、利用するのである。教育を放棄した親は、社会的に非難を浴びる。こうして「教育する親」は社会で一般的となり、親は学校に通う子どもを支えようとする。

相対的な家族の社会化機能の低下

子どもが学校で過ごす時間は非常に長く、社会化に果たす学校の役割は大きい。ただ、子どもの社会化や教育選択の権限を有するのは、親（保護者）である。そして社会から隔絶された親が、育児や子どもの教育で一義的な責任を果たさなければならない以上、育児や教育に関する情報を手に入れる必要が生じる。

また近代社会は、前近代社会と異なり、職住と教育の場が切り離されている。つまり、狩猟や農耕をその場で行い、それを見よう見まねで学習して大人になってゆく、という社会とは全く異なる。

家族、学校、職場――すべて機能的に異なる組織だが、私たちは段階的に、それぞれ別の機能をもつ組織や集団に属しながら、徐々に社会化を行わなければならない。つまり大人の社会にうまく適応できるよう、子どもは社会化を行う。これを予期的社会化とよぶ。ただし、予期的社会化に必要な情報量や、資源の提供は、親によって差がある。家族が自律したプライベートな存在である以上、その選択は個々の家族の問題と見なされる。

子どもは一定の年齢になれば、親を通さなくても、そうした情報にアクセスできる。また、子どもは学校に通い、友人や教師を通して自ら予期的社会化に必要な情報を得ることもできる。子どもの成長や社会化にとって、もっとも重要だった家族の機能や役割は、相対的に低下することになる。インターネットの出現は、その傾向に拍車をかけるだろう。

家族の自律性と学校教育との関係

では、学校が社会化機能を担う場を独占しているのかといえば、そうでもない。確かに今でも、子どもたちの多くは学校で大半の時間を過ごすし、社会における学歴の重要性が弱まっているわけではない。

しかし単に、知識やスキルを学ぶだけであれば、学校がそれを習得できる唯一の機関や手段とはいえない。むしろ、ネット社会だからこそ、学習のための便利なリソース（資源）やツール（道具）は増えている。先に家族の社会化機能の相対的低下と述べた。これは正確には、家族の存在そのものが子どもの社会化に大きな影響をもっていた時代から、家族が子どもの社会化に利用するツール（それは家族内に存在するとは限らない）の選択に影響をもつ時代に移行したというべきかもしれない。

つまり一部の豊かな家族は、子どもの社会化のために多くのリソースやツールを提供できる。一方で、そのようなリソースやツールを提供できない家族もある。それは、経済格差や不平等の問題として捉えられる問題だ。だから、子どもの社会化にとって家族が重要な機能を果たした時代には、貧困や格差は社会的に解決すべき問題とされていた。

しかし社会が一定程度豊かになり、自律した家族の自由な選択、という見方が社会的に優勢となる。そのもとでは、画一的に提供される学校教育は、むしろ自由な選択の妨げとなる。

ところが、もし貧しい子の教育に重点を置こうとすると、富裕層の親や子どもはますます学校教育に不満を抱く。以前は決められたプログラムを履行していればよかった学校も、それでは済まなくなり、ある程度多様性に配慮する必要が出てくる。多様性への配慮といっても、学校教育に投じられている資源に限りはあるので、皆が満足するような学校教育を提供するのは以前より難しくなる。必然的に学校教育のあちこちに不具合が生じる。それは、教育機関としての学校の正当性を揺るがすことになる。

家族の自律性が尊重されているので、実際は経済格差に基づく子どもの教育選択や子育て方針の違いも、社会的不平等の問題ではなく、個々の家族の自由な選択の結果だと見なされる。そして表層的に平等化を図ることは、むしろ個々の家族の自由な選択を阻害すると解釈される。格差や不平等という問題は、確かに今でも指摘される。一方で、こうした問題に対して、社会全体の共感が得られにくく、社会政策として対処しにくくなった背景には、家族と学校の関係の変化がある。

個人化する家族

アメリカの社会学者ジェームズ・コールマンは、学校教育の普及による家族の変化を、以下のようにまとめた。

親が子に果たす主な役割は、何かを直接教育することではなく、学校に通うために必要な（主に経済的な）支援を行い、子どもを学校に通わせることへと変化する。それにより子どもは、何らかの職業に就くことが可能となる。そして親が老いれば、子が親を支える。子どもへの教育投資は、そういう意味で、自分（親）の老後への先行投資の意味をもっていた。

しかし産業化に伴い、高齢者の生活維持の仕組みが政府によって整えられた。年金や社会保険制度の設置と充実は、老親の扶養義務から子どもたちを解放していく。イエスタ・エスピン＝アンデルセンが注目したように、福祉的機能を担うのは国家か、企業かといった違いは存在するが、基本的に高齢者扶養は外部化する方向に進んできた。こうなれば、子どもへの投資が自分の老後の生活のため、という意味が薄れる。したがって、子どもへの投資意欲や子どもをもつインセンティブは減退する。合理的な親ならば、(将来の先行投資にならない)子どもの誕生数を極力抑え、少数の子どもの教育に資源を集中するだろう。

産業化で、生産基盤を生み出す源が家族から会社などの外部組織に移れば、家族を家族として結束させる重要な根拠が一つ失われる。生活のために結束する必要があった家族から、結束する必然性が失われて、代わって家族は「愛情」という情緒的なつながりを根拠に旧来の形態を維持するようになった。

家族は愛情という情緒的結合を基礎に、自律性を手に入れた。ただ情緒的結合は、不安定なものだ。良し悪しは別として、生活に直結する結合であれば、家族がバラバラになるわけにはいかない。しかし情緒的結合を基礎とすると、愛情がなくなれば、一緒の生活が足枷《あしかせ》になり、苦痛を感じる。

家族を構成する個人も、一人ひとり独立した人間だ。選択の自由という考え方は、家族のみならず個人にも適用される。生活上必要性を感じない制約は、単なる拘束や障害でしかないから、自由を求める風潮は強まる。また、テクノロジーの進歩が、個人の自由な行動をますます可能にする。

以上のコールマンの考察を踏まえて考えてみよう。インターネットや携帯電話の普及はテクノロジーの進歩だが、これは個人単位での行動を可能にし、自らの関心を自分と周囲の狭い範囲に限定させる風潮に拍車をかけた。このことは、社会や共同体を意識する場自体が減少したことを意味する。これが社会の個人化とよばれる現象である。

家族と社会の利害関係の矛盾

家族と社会との関係が変容すると、子育てをめぐり、家族が抱く利害と、社会全体としての利害との間に齟齬《そご》が生じるとコールマンはいう。具体的には、次のようなことだ。

個々の家族は、子育てについて一定の選択権をもっている。もちろん、自分の子どもが望ましい形で育ってほしいと願うのは皆同じだろうが、その中身に共通見解はない。基本的に、すべての子が学校に通っているから、それだけでは飽き足りない家族も出てくる。家族として望む教育や子育ての方針と、それを取り巻く社会全体の価値観が異なることもあるだろう。

子どもは、自身の方針に沿って育てたい。その思いが強ければ、親は自らコストを支払ってでも、好みに合った教育を受けさせようとする。しかし学校教育は、社会全体を維持するためのものであり、だからこそ公共性をもつ。特に公立学校の原資は税金なので、教育内容に一層の普遍性をもたなければならない。ただ、普遍性を保つことは、教育目標を抽象的で差し障りのないものとしやすい。そのため何らかの教育志向を強く保持する家族にとって、公立学校の教育は物足りなく、不満の源泉となる。

そうした家族が、私立学校に子どもを通わせようとする。もちろん日本の現行制度のもとでは、私学にも政府から一定の補助金が入っているし、私学も公教育の一翼を担っている。カリキュラムが公立と全く異なるわけではない。しかし（そういう選択が可能な家族は、富裕層が多いと思われるが）、彼らは税金を納めながらも、主として税金で運営されている公立学校に子どもを通わせず、あえて追加の費用をかけて私立学校を選択する。

これは次のようなジレンマを（特に子どもを私立学校に通わせている高所得層の家族に）起こさせる。所得の増加に伴い税率が上昇する累進課税制度をとっていれば、高所得層の納めている税額は多くなる。したがって公立学校の運営費に、高所得層は貢献している。ところが高所得層は、公立学校に強い不信感を抱いている。それで高い授業料を払ってまで、私立学校を選択する。納税の義務はあるので（もちろん納めた税が個別に何に使われているかはわからないのだが、感覚としては）公立学校の運営費に税金がまわっていくことは避けられないが、自分の子どもはその税金が多く注ぎ込まれた公立学校のサービスを受けているわけではない、と不満を抱くことになりやすい。

また現代は、家族の個人化が進み、未婚者や子どものいない夫婦が増加している。子どもを産まない、育てないという選択は、やむを得なかった人もあれば、自ら進んで決断した人もあろう。いずれにせよ、彼ら彼女らもやがて老いるから、老後に備える必要がある。将来頼れる親族はいなくなる可能性もあり、将来の生活の責任は自分で負うことになる。それらすべてを個人で賄いきれないため、国家は年金や社会保険制度の仕組みを整える。

年金にせよ社会保険制度にせよ、究極的には支え合いの制度であり、高齢者が一定の生活を維持するには、原資となる年金・保険料を納める現役世代が必要となる。また今の現役世代も、老いたら、将来の現役世代（現在の子世代）に頼ることになる。金銭的な問題だけではなく、物理的な意味で、介護サービスの担い手を確保する必要も出てくる。こうした福祉制度にとって、少子化は脅威である。

身近な社会に限定すれば、子育てや高齢者介護なども徐々に社会化され、これらをすべて家族で担う必要性は減っている。老後の面倒を見てもらうために、子どもを育てるような時代ではない。それゆえ個別のカップルにとっての出産は、自由な選択の意味合いが強まり、子育てにかかる費用も、投資というより消費と見なされる。当然、結婚や出産に対して、他者が口を差し挟むことは余計なお世話となる。

しかし自由度の高まった個人を支えるのは、社会全体の制度である。その仕組みは、子どもや若者が一定程度存在することで成立している。つまり、少子化が進行しすぎると、個人の選択の自由を支える仕組み自体が危機に瀕《ひん》するのだ。

子育てに冷淡な社会

個人の自由と社会制度の間に生じるこうした矛盾は、子育て家族に寛容ではない風潮をうまく説明できる。「自由」を突き詰めれば、子どもを産んだのも、あなた個人が決めたことでしょう、という考えに行きつくことになるだろう。

だから税金を投じた子育て環境の整備、教育費負担の軽減のような子育て世帯を利する政策は、子どもをもたない人にとって、不公平感を募らせることになる。

しかし、子育ては、将来の社会の一翼を担う構成員を育てる意味をもつ。子どもがいなければ、そのコミュニティは将来死滅するに等しい。

福祉制度は、現在、そして将来の現役世代によって支えられている。つまり、子育て世帯は、将来のセーフティ・ネットを支える社会的構成員を育てているともいえる。にもかかわらず、将来世代の育児や教育の多くを私費で賄わせようとするのは、あまりに身勝手だという不満を抱きかねない。

子どものいない世帯には、子育て支援政策により還元されるものは、短期的に、また狭い範囲でみると存在しない。他人の子どもは関係ないし、下手をすると鬱陶《うっとう》しい存在ですらある。また子育ての喜びや楽しみを得る機会ももっていない。だから子育て支援のための増税には、一方的な負担だと感じるだろう。

他方、子育て世帯にとって、自分の子どもはかけがえのない存在だ。とはいえ、子育ての金銭的コストは無視できない。そうしてコストをかけた子どもが自分たちの老後の面倒を見るという社会であれば、話は単純だ。しかし現実は、そうではない。世の中はもちろん積極的に結婚・出産を選択しない人も増えているが、子どもが欲しくてもできないとか、何らかの事情で結婚できない人もいる。そうした人々をすべて含めて、社会的に支えるのが福祉国家のあり方だ。

だから子育てを、単なる個人的選択や楽しみと決めつけることはできない。子育てにかかるコストがベネフィットをあまりに大きく上回るようであれば、子どもの欲しいカップルでも、出産を躊躇《ちゅうちょ》せざるを得ないことになるだろう。

表向き子どもは大切だといいながら、一方で子どもや子育てをめぐる非難やクレームがあとを絶たない。その背景には、以上のような子育てと、その利害をめぐる解消しがたい対立が存在するのだ。

3　高等教育機関をどう評価するか

近代大学組織の成立

公教育が、将来世代の育成という社会的な貢献をしていることは明らかであり、それゆえ公的な負担が正当化される。ただ、誰もが受けるわけではない高等教育については、負担をめぐる議論がしばしば生じる。

高等教育の中でも大学の歴史は長い。しかし中等教育以下の学校と同様、大学の性質や社会的役割は近代以降大きく変化する。そして今も変化の途上にある。

どこまで歴史を遡れるかが議論になるだろうが、一般的な西洋の大学史では、中世のボローニャやパリ、オックスフォード、ケンブリッジなどが最古の大学群となる。当時の大学は、神・法・医とその準備教育をなす学芸（自由七科《しちか》とよばれる算術・幾何・天文・楽理・文法・論理・修辞からなる）の四学部を基本構成としており、その知的基盤は古典語にあった。知識の蓄積、伝達、創造の場として機能していた大学では、近代化や産業革命を経て、自然科学や社会科学などの新しい領域が一気に花開くことになる。

そして一八一〇年に設立されたドイツのベルリン大学では、学芸学部に新しい自然科学などを組み込んだ哲学部が設置され、研究と教育を一体として進める大学革命が起こる。

それだけではなく、工学、農学、商学などの「高度な実学」に対する需要も生まれ、伝統的な大学とは異なる専門学校が生まれた。この専門学校群は、フランスで「グランゼコール」という形で残っている。

リベラル・アーツ・カレッジと研究大学

一方、今や世界の大学を牽引《けんいん》するアメリカはどうだったのだろうか。日本人の間で有名なハーバード、イェール、プリンストン（ビッグスリー）などの大学も、研究中心の大学となったのは二〇世紀以降である。

もちろん、これらのアメリカの大学も長い歴史をもっているのだが、さまざまなキリスト教の宗派が、自らの教義の定着や普及を目的として設置し、一九世紀までは寄宿舎で「ジェントルマン」を養成する教養教育を行う場であった。

その大学に変化を与えたのが、前述したベルリン大学に代表される、ドイツで成立した研究教育型の近代大学なのである。当時、大学で高度専門教育や研究を行うという発想の乏しかったアメリカ人は、こぞってドイツに渡って学び、帰国した。彼らが、旧態依然としたアメリカの大学に新風を吹き込んだのである。

しかし、あまりに急進的な改革は反発を生み、うまくいかない。そこでこれまであったカレッジの上に、グラジュエイト・スクール、すなわち大学院を設置し、そこで高度専門教育を行う発想が生まれた。潮木守一によれば、一八七六年に設立されたジョンズ・ホプキンズ大学がその嚆矢《こうし》である。ジョンズ・ホプキンズ大学の誕生は、ハーバードやイェールといった老舗《しにせ》大学にも影響を与えた。

ただ、アメリカの大学を語るうえで、こういった研究大学のみに言及するのは不十分である。これ以外にも、地域に根付いた教育を重視する総合大学や、リベラル・アーツといわれる一種の教養教育を重視する学士課程のみのカレッジ（リベラル・アーツ・カレッジ）が存在する。リベラル・アーツ・カレッジの中には、現在も名声をもつものがいくつもある。

またコミュニティ・カレッジとよばれるものは州立のものが多く、門戸開放を旨としており、多くは二年制である。学費は安く、仕事をもちながら単位を取得するパートタイム学生が多い。いったんコミュニティ・カレッジに入り、その後四年制の大学に編入するケースもめずらしくない。このように、アメリカの大学は非常に多岐にわたるので、そのうちどれを指して論じているのかはきちんと明示する必要がある。

ともあれ、こうした歴史的背景もあるので、アメリカにおける学部教育の中心はリベラル・アーツである。つまり入学時から組織的に専門や学部が細かく決められて、配属されることはまずない。もちろん教員は、それぞれの専門に配属されている。しかし学生は、単位を取得しながら徐々に専門を狭めていき、その中で所定の単位をおさめて基準をクリアしたものがメジャー（専門）となるイメージである。

もちろん職業的な専門性を意識した専攻もある。しかしそれは決して主流ではなく、学部レベルでは人文、社会、自然科学の専門で終える学生がマジョリティである。より深い研究を志す者は、大学院に進学する。また高度職業専門職を意識した専門職大学院は、こうしたアメリカの学部教育の実情を踏まえて、学部を修了した者に対して、職業的な専門性を身につけさせるために設置されたものである。

高等教育機関の果たすさまざまな機能

ではアメリカで、高等教育機関はどのような社会的役割を担っているのか。ミッチェル・

スティーヴンス、エリザベス・アームストロング、リチャード・アルムの三人は、高等教育機関の機能や役割を、①篩《ふるい》、②培養器、③殿堂、④拠点にたとえた。

高等教育機関、特に大学は、学生の育ってきた家庭や地域環境と、今後巣立っていく社会との間に立つ。そして、教育し、獲得した能力に応じて学生を篩い分ける（篩）。大学は一般に俗世間と距離を置いており、学生は教育とは関係ない活動を免除されている。だから学生は、学業やサークル活動などの、カレッジ・ライフを謳歌《おうか》できる（培養器）。そして大学は、新しい知識を生み出すだけではなく、その知識体系を社会的に正当なものとしてお墨付きを与える（殿堂）。だからこそ大学は、家族、地域社会、産業界、あるいは州や国家をつなぐ機能をもつ（拠点）。

そしてスティーヴンスとベン・ゲブル＝メドヒンによれば、アメリカの大学は、当初アソシエーション（結社・組合）の形態をもつに過ぎなかったという。しかし時代が下るにつれて、政府との関係が強まり、さらに市場の営利組織としての機能も付け加えられるようになってきたのだ。

社会学的にアソシエーションという言葉は、ロバート・マッキーヴァーの提唱した、特定の関心や目的をもつ人々が意識的に作り出した組織集団を指し、結社や機能集団と訳される。宗派の教養普及や教養教育の場に、ドイツ型の近代大学の思想が輸入され、学会のような知的探求を目的とする組織が生じ、学問分野をベースに学科や学部が形成されたのである。

以上の歴史的背景もあって、大学はキリスト教の各宗派、富裕な人々、企業、地方政府などの寄付から成り立っていた。大学でエリートは育てられ、またエリートは大学に寄付するものだった。授業料を寄付と考えれば、エリートとして高い授業料を払うのは当然だった。

その後、一八六二年と一八九〇年のモリル法により、使われていない連邦政府所有の土地が、農業や工学といった実用的な知を提供し、高度職業人を養成する大学を設置するために、州政府に譲られた。この過程で設置された大学をランドグラント（土地付与）大学とよび、その多くは現在州立大学となっている。ランドグラント大学の設置で、高等教育機関が社会的に果たす機能が、より一般的、普遍的になった。

アメリカ連邦政府と大学

大学と政府との結びつきが強まるなか、それを決定的にしたといわれるのが一九四四年の復員軍人援護法、通称G.I.Bill（ジー・アイ・ビル）である。G・Iは「galvanized iron（亜鉛めっきされた鉄板）」を指し、アメリカの陸軍兵士を指す比喩《ひゆ》として用いられる。

この法律では、第二次世界大戦の退役軍人に対するさまざまな支援が定められているが、その中には大学進学への援助も含まれている。実際、アメリカで爆発的に高等教育進学率が上昇した要因の一つとして、この復員軍人援護法を挙げるのは定説である。

さらに一九五八年の国家防衛教育法と、一九六五年の高等教育法は、国家と大学を結びつける重要な役割を果たした。前者はアイゼンハワー政権の時、いわゆるスプートニク・ショックでソ連との競争に勝つために、教育に対する積極的な支援が必要と判断されたのである。後者はジョンソン政権が掲げる「偉大な社会」政策の一環で、貧困撲滅、公民権確立のため、さまざまな経済的支援のプログラムを打ち出したのである。この時期には、全米各州に少なくとも一つの研究大学が設置され、大学に未曽有の財政的支援がなされた。

しかし一九七〇年代後半から八〇年代にかけて、国内の大学志願者数が減って、大学は優れた学生を選抜するのに苦労するようになった。また、アメリカ経済の不振もあって、政府からの支援も減少する。

研究中心主義の州立の旗艦大学は、その威信の維持と、財源確保のために、積極的に州外やアメリカ国外から優れた学生を確保しようとした。大学の中には、アメリカの国外にキャンパスを設置するところも現れる。また株式会社などが中心となって、授業料をもとに営業する営利大学も出現している。大学は市場の競争に巻き込まれていった。

また一九八〇年に制定されたバイドール法により、連邦政府の資金によって研究開発された発明や成果の特許権を、大学や研究者が取得できるようになった。こうして知的財産が広く活用できるようになり、産学連携や中小企業の研究開発への参加が促された。そして大学の得た特許は、大学に設置された技術移転オフィス（Technology Transfer Office：ＴＴＯ）を通じて商業ベースに乗せられ、ライセンス料が大学に入るようになる。大学は、市民のための組織というよりは、利益追求の企業組織や団体と足並みを揃《そろ》えていく。

日本における大学の誕生

次に、日本の教育の近代化をみてみよう。それは一八七二年の学制発布に遡る。急速な近代化を推し進める明治新政府は、当時のエリートを欧米諸国に派遣し、教育に限らず、西洋風の制度や技術を採用していった。

高等教育史の著作の多い天野《あまの》郁夫《いくお》によれば、当初の明治新政府は、諸官庁がそれぞれの専門性をもった官僚を必要としていたため、フランス流のグランゼコール群を設置したという。工部大学校（工部省）、司法省法学校、札幌農学校（開拓使）、駒場農学校（内務省）がそれに当てはまる。この他に、文部省は法学・化学・工学から構成される東京開成学校と、東京医学校という二つの専門学校をもっていた。東京開成学校と東京医学校は一八七七年に合併し、東京大学となる。また当時の専門教育は外国語で行われたから、その修得が必要となった。その準備教育のために設置されたのが、大学予備門である。

しかしグランゼコール群の運営は、財政を圧迫した。そのため、ほぼ時を同じくして成立した東京大学に、これらのグランゼコール群は吸収されていく。

一八八六年の「帝国大学令」により東京大学は帝国大学となり、法科大学・医科大学・工科大学・文科大学・理科大学から構成された。四年後はこれに農科大学が加わる。この頃になると、外国人教員に頼るのではなく、自前での教員養成や、研究が意識され、大学に至るまでの下級教育機関も整備されていった。

下級教育機関に位置づけられたのが、高等中学校である。高等中学校はその後（旧制の）高等学校となり、戦前の教養教育機関として高く評価されることもある。しかし高等中学校は、帝国大学の分科大学への準備教育機関と位置づけられており、高等中学校は、分科大学への進学後のカリキュラムを考慮して、第一部（法科・文科）、第二部（工科・理科・農科）、第三部（医科）の三部制がとられていた。これが現在の日本の文系・理系という枠組みを形成する一つの起源と考えられる。

また私立の法律学校や宗教系の専門学校が次々に設立されたが、私学経営では資金不足が常に問題となった。これらは実学志向の職業人養成を目的とし、授業はマスプロ講義が可能な文系に偏っていた。文系であれば、講義室を用意して多くの学生を通わせれば、その分多くの授業料を獲得できたからである。日本の歴史ある有力私立大学が、どちらかといえば文系主体なのも、こうした歴史的背景に基づく。

いずれにしても、日本の大学では、ごく一部（東大など）を除き、入学時に所属する学部が決まっているのが普通である。こうしてみれば、アメリカのリベラル・アーツ・カレッジとは異なり、日本では当初から組織的にも専門性が分かれた形で発足したことがわかる。

戦後日本の教育制度改革

第二次世界大戦後の教育制度は、戦前の教育を完全に解体して成立したわけではなく、一部に名残がある。たとえば戦後発足した高等学校は、戦前の中学校・高等女学校・実業学校の伝統を引き継いでいる。当初、GHQは中等教育での普通教育と職業教育とのコース分けをせず、両方を同じ学校で受講できる総合制を目論《もくろ》んだ。しかし、さまざまな抵抗や財源不足（特に戦後義務教育となった中学校の設置・整備が急務であった）もあり、この理想は実現しなかった。

戦前の大学は、その数が極めて限られていた。しかし戦後、多くの専門学校が大学となった。また戦前の師範学校は中等教育機関と見なされていたが、戦後は大学の教育学部（学芸学部）として発足した。これらは当初は「駅弁大学」などと揶揄《やゆ》されたが、一方で各都道府県に少なくとも一つの国立大学が設置され、高等教育進学の機会は大きく拡大した。

しかし大学組織に注目すると、学部学科の組織はそのまま残り、学生の募集もほとんどは学部別に実施されることとなった。戦後の日本の大学における教養教育は、学部別組織となっている日本の大学に、アメリカ型のリベラル・アーツ教育を持ち込もうとしたものだ。ただアメリカと日本の大学は、大学組織の成り立ちが全く異なる。一部は旧制高等学校の流れを汲《く》んでいるが、初めから学部や学科の分かれている日本では、専門が決まっているのに、専門教育と関係ないことをやらされる位置づけになってしまう。初めから、学生が興味やインセンティブを抱きにくい構造になっているのが日本の教養教育なのだ。このいびつな構造のもたらす問題点については、第5章で触れる。

日本における高等教育の拡大

一九九〇年代に入って一八歳人口が減少しはじめると、徐々に高卒で就職する生徒の割合が減りはじめ、代わって何らかの形で進学する高卒者の割合が上昇した。このような高等教育進学率の上昇は、必然的に高等教育の社会的な機能や役割の変化、さらに高等教育機関の多様化をもたらす。そして高等教育機関の、社会的なあり方や意義をめぐる議論も噴出する。

日本の高等教育機関の実情を理解しておこう。一九五〇年当時、二〇一だった大学は、二〇一六年に七七七になっている。このうち国立大学は八六で、公立大学は九一、残った六〇〇が私立大学である。私立大学は全体の七七パーセントを占める。

短期大学は一九五〇年当時に一四九あり、一九九六年に五九八とピークに達してからは減少し続けており、二〇一六年には三四一となっている。専修学校は発足時八九三だったが、二〇一六年には三一八三、ただしこちらは一九九九年にピーク（三五六五）を迎えて以降、漸減傾向にある。

図1-1で一八歳人口と高等教育進学者の推移をみてみよう。一八歳人口は一九六六年の二四九万人と、一九九二年の二〇五万人の二度のピークがある。言うまでもなく、第一次ベ

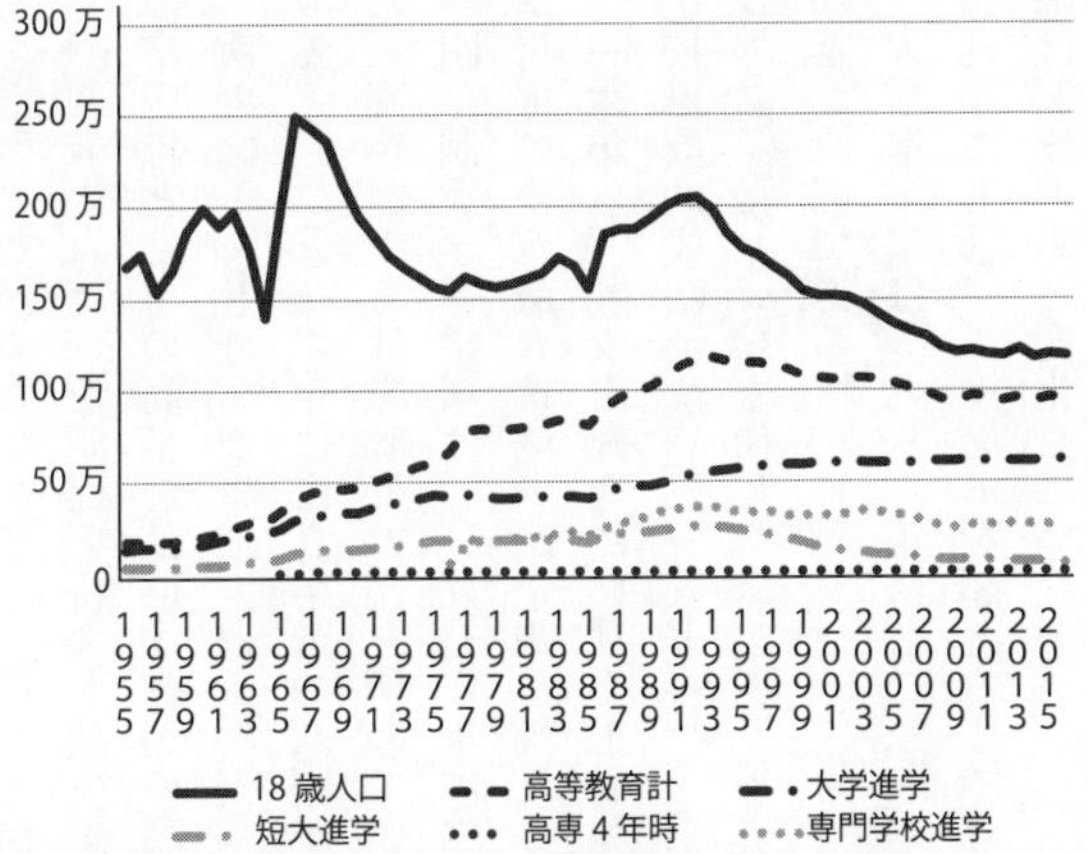

図1－1　**高等教育進学者数と18歳人口の推移**　出典：「学校基本調査」年次統計より

ビーブームと第二次ベビーブームの世代である。高等教育進学者の人数は、実はこの第二次ベビーブーム世代の一九九三年、一一八万人がもっとも多く、その後は少子化のため減少している。二〇一六年現在、その数は九五万人程度である。

少子化に入ったのに、進学者数が大学のみ微増、もしくは安定しているのは、短大の移管、専門学校の発展的解消としての新設、あるいはもともと短大だった学校法人が、四年制大学の開設を認められた代わりに短大の定員を削減したことが原因である。二〇〇一年に初めて、大学進学者数が六〇万人に達するが、その後はずっとその前後を行き来している。

短大や専門学校は、少子化に入り、学校数のピーク時からの減少、そして定員自体の減少を反映して、入学者数も減少傾向にある。高専はほぼ一万人で安定して推移しているが、もともとの数が少ないので、大勢には影響がない。

一八歳人口は、予測だと将来も減少傾向が続く。二〇三〇年前後にほぼ一〇〇万人となり、数字上ほとんどの高卒者はいずれかの高等教育機関に進学できることになる。

次の図1-2は、進学率(過年度卒、つまり浪人なども含む)の推移を示している。これをみると、二〇一六年には高卒者の八割がいずれかの高等教育機関に進学している。裏を返せば、高卒による就職者は二割を切っている。

四年制大学進学率は、一九七六年に二七・三パーセントに達した後、若干減少した。これは将来の一八歳人口減少が予測されたことや、都市部への一極集中と地域間格差の拡大という問題から、既成市街地における工場等制限法が厳格に運用されるようになったこと、私立学校振興助成法の成立(一九七五年)と引き換えに、大学の定員の管理が厳しくなったこと(私学助成がなされる代わりに、定員を大幅に水増しして入学させることは認められなくなった)などが原因である。

大学進学率は一九八六年に、二三・六パーセントまで落ち込むが、その後再上昇し、二〇〇九年に五〇パーセントを超えるまでは、少子化もあって順調に伸びていた。しかしそれ以降は、ほとんど変化していない。

短大は発足当時、男子学生が過半数を占めていた。だが、一九五四年に早くも男女比が逆

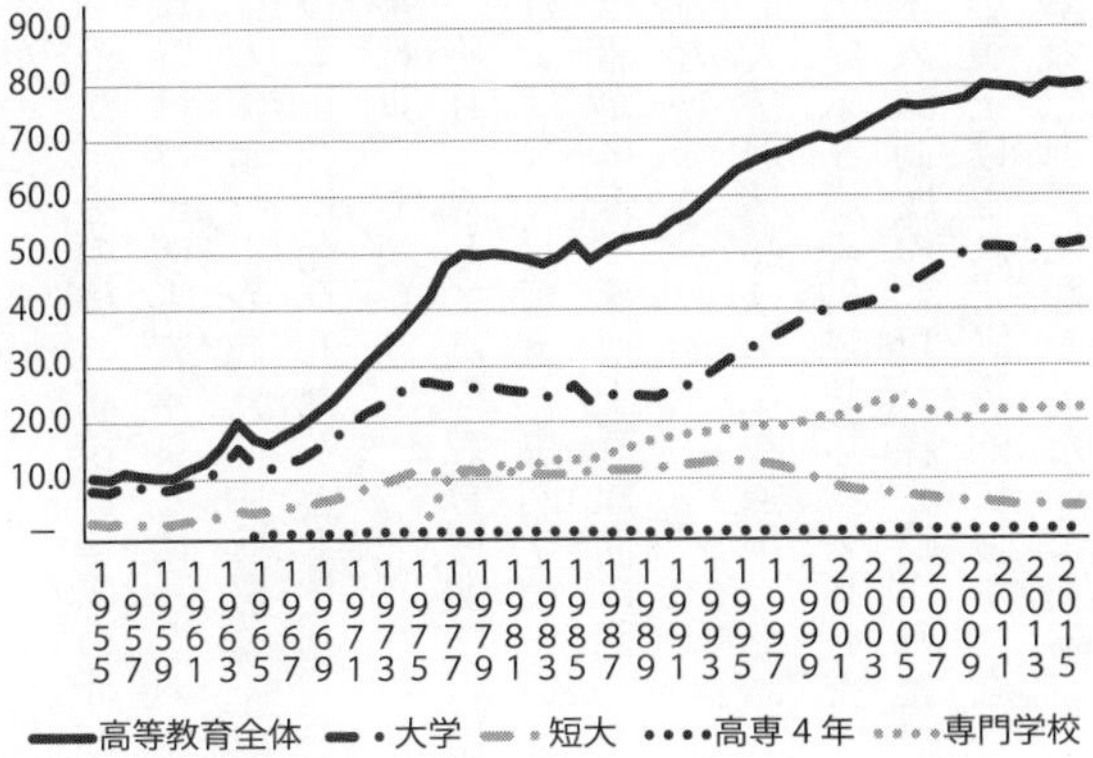

図1－2　高等教育進学率の推移　出典：「学校基本調査」年次統計より

転し、一九六七年には男子学生比率が二割を切る。

その間緩やかに進学率を伸ばし、一九七四年に一〇パーセントを超える。それから短大は、女子学生の短期高等教育機関の位置づけで定着し、一九九三年には進学率一三・二パーセントとピークに達する。

しかし女子学生も四年制大学に進学する傾向が強まり、少子化による短大数の減少もあって、二〇一六年には五パーセントを切っている。

専門学校は一九九九年に二〇パーセントに達して以降、ほぼその水準を維持して推移している。

大学進学率の上昇と停滞

以上から明らかなように、高等教育進学の門戸は確実に広がった。しかし、同じように義務教育ではなかったはずの（後期）中等教育の拡大とは、様相が異なっている。

後期中等教育機関である高等学校（高校）の一九

五〇年当時の進学率は四二・五パーセントに過ぎず、中卒者の半数以上は高校に進学していなかった。

ただ、その後の高校進学率の伸びは目覚ましい。一九六一年には六〇パーセントを超え、以降はほぼ四〜五年ごとに一〇パーセントポイント分増加し続ける。一九七四年に初めて九〇パーセントを超え、中等教育進学率はほぼ飽和状態に達した。後に、六年制の中等教育学校も正式に発足したこともあり、その後期課程を含めれば、現在は九九パーセント近くが高校に進学している。

それに対して高等教育機関は、拡大のプロセスが単調ではない。高等教育機関は、大学だけではなく、短大、専門学校というように、いくつかの学校種が存在している。全体としては確かに進学率が上昇傾向にあったが、高校進学率のように、急速に進学率が伸びたわけではない。

大学進学熱はかなり強かったにもかかわらず、一九八〇年代には将来の少子化を見据えて、大学入学者の抑制政策がとられた。それゆえ受験競争が激化し、社会問題となったため、大学入試制度の変更が繰り返された。さらに一九八〇年代以降、国公立大学でも急速に授業料が値上げされ、経済的に豊かでない人の進学は難しくなった。そのため高校のような、進学率の急上昇はなかったのである。

トロウの発展段階論

一般的に教育機関は、いったん制度として発足すると、進学希望者が増えて量的に拡大する。高等教育機関も、例外ではない。その高等教育機関の拡大と、社会的役割の変化に着目したのが、マーチン・トロウである。

トロウは、一〇代後半から二〇代前半の年齢層の大学進学率に基づいて、率の低い順にエリート段階、マス段階、ユニバーサル段階、と名づけた。ここで重要なのは、数字や、段階の名称そのものではない。大学が社会から期待される役割や機能は、進学率の上昇に伴って変化するということが、トロウの理論の骨子である。

大学に進学できた者が限定された少数者だった時代、学生の社会的背景は似ていたはずだ。換言すれば、進学者は社会的に恵まれた層に著しく偏っていたのである。大学進学自体がめずらしい時代であるから、進学しなければならない、という社会的な圧力は少なかっただろう。つまり、もともと大学に行きたいという強い意欲のある人や、ごく一部の「行くのが当然」と自認していた人だけが進学していた。

トロウによれば、選ばれし者のみが進学するエリート段階は、進学率一五パーセントまでである。日本で、大学進学率が初めて一五パーセントを超えたのは、東京オリンピックのあった一九六四年、その後いったん一五パーセントを下回り、恒常的に一五パーセントを上回るようになったのは一九六九年からである。

	エリート段階	マス段階	ユニバーサル段階
当該年齢の大学在学率	15% まで	15 ～ 50%	50% 以上
高等教育機会	少数者の特権	相対的多数者の権利	万人の義務
進学の要件	制約的（家柄や才能）	準制度的（一定の制度化された資格）	開放的（個人の選択意思）
高等教育の目的	人間形成・社会化	知識・技能の伝達	新しい広い経験の提供
主要な機能	エリート・支配階級の精神や性格の養成	専門分化したエリート養成＋社会の指導者層の育成	産業社会に適応しうる全国民の育成
教育課程	高度に構造化（剛構造的）	構造化＋弾力化（柔構造的）	非構造的（段階的学習方式の崩壊）
主要な方法・手段	個人指導・師弟関係重視のチューター制・ゼミナール制	非個人的な多人数講義＋補助的ゼミ、パート・タイム型、サンドイッチ型コース	通信・テレビ・コンピューター・教育機器などの活用
進学・就学パターン	中等教育修了後すぐに大学進学、中断なく学習して学位取得、ドロップアウト率は低い	中等教育後に間をおいての進学や、一時的就学停止（ストップアウト）、ドロップアウトの増加	入学時期の遅れやストップアウト、成人・勤労学生の進学、職業経験者の再入学が激増。
高等教育機関の特色	同質性（共通の高い基準をもった大学と、専門分化した専門学校）	多様性（多様なレベルの水準をもつ高等教育機関。総合制教育機関の増加）	極度の多様性（共通の一定基準の喪失。スタンダードそのものの考え方が疑問視される）
高等教育機関の規模	学生数 2,000 ～ 3,000 人（共通の学問共同体の成立）	学生・教職員総数 30,000 ～ 40,000 人（共通の学問共同体であるよりは頭脳の都市）	学生数は無制限的（共通の学問共同体意識の消滅）
社会と大学の境界	明確な区分、閉じられた大学	相対的に希薄化、開かれた大学	境界区分の消滅、大学と社会の一体化
権力の所在と意思決定の主体	小規模のエリート集団	エリート集団＋利益集団＋政治集団	一般公衆
学生選抜原理	中等教育での成績または試験による選抜（能力主義）	能力主義＋個人の教育機会の均等化原理	万人のための教育保障＋集団としての達成水準の均等化
大学の管理者	アマチュアの大学人の兼任	専任化した大学人＋巨大な官僚スタッフ	管理専門職
大学の内部運営形態	長老教授による寡頭支配	長老教授＋若手教員や学生参加による民主的支配	学内コンセンサスの崩壊？学外者による支配？

表１－２　トロウによる高等教育発展段階論　出典：トロウ（天野・喜多村訳、1976）の解説 194-195 頁より。一部改変

つまり一九七〇年頃を境に、日本の大学はマス化を遂げた。エリート段階からマス段階に移る過渡期に学生運動が盛んだったのは、トロウの説に基づけば偶然ではない。もちろん、当時の政治情勢や、社会的なムードの影響は無視できないだろう。一方で、教育・歴史社会学者の竹内洋《たけうちよう》も示唆しているが、進学率が上昇して大学が大衆化したことに対して、大学がうまく対応できなかったことへの学生の不満が、学生運動激化の要因の一つともいえよう。

そして二〇〇〇年代に入り、大学進学率は五〇パーセントを超えた。ユニバーサル段階に突入したわけである。

かつての高校がそうだったように、ここまで進学率が上昇すれば、大学の組織や社会的な役割期待が変わらないと考える方がおかしい。ところが、日本では大学がエリート教育機関という前提に立ち、成績が悪くてやる気もないような学生が大学に行く必要はない、という発言をしばしば耳にする。しかしすでに高卒者の半分が進学するようになった大学を、エリート教育機関と見なす理由はない。大学のイメージ、役割、社会的機能はこれまでも変化し続けてきたからだ。

大学といっても、中身は多様になって当然だ。もちろんエリート教育機関としての役割を果たす大学も残るだろう。しかしそうでない大学が、多数を占めるようになる。それだけ多くの人が大学に通うようになれば、ごく限られた人しか理解できないような、高度で最先端の内容を、すべての大学生に教えるのは無理がある。

必ずしも高校レベルまでの修得が十分ではない大学生も、めずらしくないだろう。しかしその修得が十分でなくても、学び直したいとか、別の角度から勉強してみたいという人々の希望を大学がかなえるのは、全くおかしなことではない。その人々の学習機会の権利を保障することも、立派な社会的役割である。大学の公的機能は、そういった幅広い観点から見直されなければならないはずだ。

第2章　学校と格差・不平等

1　対立する学校へのニーズ

学校のもつ三つの目標

社会や家族のあり方が大きく変化することにより、学校教育は難しい局面に立たされている。このとき、何か問題が発生すると、特に学校教育が攻撃の的となりやすい。

アメリカの歴史社会学者デヴィッド・ラバレーは、学校の掲げるべき目標として、民主的平等、社会的効率性、そして社会移動の三つを挙げる。

最初の民主的平等とは、アメリカの学校制度設立の根幹をなす価値観である。しかし長期的にみて、教育拡大が進み、その重要性は意識されにくくなった。それでも、市民性の涵養、生徒の平等な取り扱い、そして教育機関への平等なアクセスという面に着目することで、この価値観は生き永らえてきた。

個人が利己主義的で感情的になれば、それこそ多様な背景をもつ移民社会のアメリカは成立しない。自由と平等は、アメリカ社会としての最高の価値観でもある。その価値観の実現のためには、自由や平等を基本とする民主主義の重要性を、誰もが理解しなければならないため、共通のカリキュラムを備えた普通教育が、すべての人に開かれている必要がある。教育現場における人種、階級、性別による不平等な扱いを告発し、改めようとする立場は、主としてこの観点に基づく。

次に社会的効率性の価値観は、教育の職業主義化や学校教育の階層化という形で現れる。現実の労働市場や仕事と関係をもち、人々が教育を受けることで「食い扶持《ぶち》」を獲得できたから、教育はここまで普及したといえる。

教育が職業生活に直結し、所得を増やし、生産性を高める。このことで、社会全体の生活水準も向上する。その結果、税収も伸びて社会保障や福祉にも役立つ。こうしたロジックの方が、抽象的な「教育は素晴らしい」という理想論より、教育の重要性を訴えるメッセージとしては説得力がある。だから歴史的にも、古典的なカリキュラムに、より実践的、実用的な知識を施す教育が徐々に組み入れられるようになったのだ。

ただし学校知と労働市場のニーズが、完全に一致しているわけでもない。学校は、一定の課程を修了した人に「卒業証書」や「学位」を付与する。労働市場側はその「卒業証書」や

「学位」の有無から、採用の資格ありと判断する。つまり学歴は、労働市場において、一定の地位にふさわしい能力の有無を示す証明と見なされる。ただ職業により、どのような能力を重視するかは異なるから、卒業証書や学位を付与するにふさわしい教育内容や選抜方法を決定するまでに、さまざまな利害関係をもつ集団間で駆け引きが行われる。

そうした社会集団同士の葛藤《コンフリクト》を通じて、選抜方法やカリキュラムが整えられる。学歴取得が高い地位への必要条件なので、人々も学歴を獲得しようと競争する。競争が激化すれば、競争に勝ち残った人の名声や社会的評価は高まるから、ますます多くの人が競争に参入する。このようにして進学需要は高まり、ニーズに応じて高学歴の枠は拡大される。これが進学率上昇のメカニズムだ。社会学者ランドル・コリンズの提唱した、葛藤理論に基づけば、教育の拡大や普及は以上のように説明される。

ところが、多くの人が進学するようになると、進学者の中でも、成績にばらつきが生じる。また職業世界は多様だから、教育を職業とある程度関連させようとすれば、教育もそれに対応して教育内容を分化させざるを得なくなる。

こうして、教育の場で効率性や生産性が強調されるようになれば、誰に対しても一律に同じ教育を提供する意味は薄れる。つまり普遍的な教育内容が、個別的なものになってゆく。やがて学校間にランクが生じたり、学歴の高低が生じたりする。それは、個人の適性や能力に応じた教育という名目で、正当化される。もし能力に応じて個人を適正配置し、低コストで教育することで社会全体の利益が生み出される、と考えれば、社会的効率性の観点からも、教育を公共財と見なすことは可能である。

一方で、効率性や生産性という特性を、社会全体ではなく、個人の側から考えたものが、三つ目の社会移動である。

教育機関は、必要な教育を提供してくれる場所と位置づけられる。学校に何らかの順位に基づく階層（ランキング）があると、個人の選択や志望もそれに影響を受ける。つまり、威信の高い学校に進学したい、という欲望が生じる。こうなると、個人の関心は自分にとっての地位達成（いかに高い地位に就くか）にあって、社会における人的資本の生成という意識はない。これがラバレーのいう社会移動機能だが、この側面が強調されれば、教育は公共財ではなく、私有財の色彩を強く帯びる。

私有財となった教育サービスは、一種の消費だ。教育が拡大すれば、消費である教育は、むしろ他者との差異が強調される。つまり、よりよい（高い）教育を受けることで、それがその人の財産となり、労働市場や結婚市場などのマーケットで、他者と差異化する手段として学歴が利用される。

こうなると、親（保護者）が望むのは「平等な機会」ではない。社会的効率性と似ているところもあるが、自分の子には他の子よりよい教育を受けさせたいという利己主義が前面に出る点で異なる。ただし、教育に対する親の態度には相当な違いがある。なかには、自分の子どもの教育に全く関心を示さない親もいる。教育熱心な親にとって、教育に不熱心な親の存在は、本音として悪い話ではないだろう。なぜなら、そうした親の存在によって、自分の子が学歴競争で優位に立てる可能性が高まるからだ。

異なる教育目標の妥協

民主的平等は、文字通り民主主義かつ平等主義という価値観を内包する。社会移動は、個人の自由な選択を強調する点で自由主義的であり、うまく機能させれば、メリトクラティック（能力主義的）に働かせることも可能だ。平等主義と自由主義は、究極的には両立が困難だが、しかし近代以降、ともに進歩主義として重視されてきた価値観だ。

一方、社会的効率性は、現状の社会構造を前提とした効率性という点で、保守的かつ再生産的だ。限られた財源で、教育が投資に見合うか疑念をもつ人は少なくない。また、もっと職業に直結した教育を行うべきだという意見も耳にする。これらの立場に立てば、教育は社会に従属的に位置づけられる。すると、教育の普及や、好きなことを学ぶという教育の力を通して、教育から社会を変えてゆくというベクトルは意識されにくくなるだろう。

納税者からすれば、教育の意義を、自分自身や自分の子どもだけではなく、他者の子ども（社会）に適用して考えることになる。すると保守的な人は、今ある社会構造を前提に、能力に沿って子どもたちを適正に配置し、不必要な進学熱を煽らず、より実践的で社会に有用な教育内容を与えるべきだと考える。

それに対して進歩主義者は、平等主義と自由主義、いずれを重視するかで対応が異なる。前者であれば、社会的効率性を重視する政策は、出身階層により進学の選択肢が限られているにもかかわらず、それを個人の自由な選択の結果、つまり自己責任と見なしていると非難する。その結果、彼らは学校を、社会構造を再生産する装置として批判的に捉える。後者であれば、選択の自由を、子どもの好みや能力を活かせる機会と肯定的に考える。その場合、彼らは社会的効率性の機能を、必ずしも否定的にみるわけではない。以上のように、ラバレーによれば、柔軟で幅広い選択を許容するアメリカの学校制度は、さまざまな価値観の対立の妥協の産物として生まれたものだという。

しかし制度の点で柔軟な選択を許容していることと、現実に理念が達成されているかどうかは別問題だ。社会的効率性に配慮して、自由な選択と業績主義を尊重すれば、必ず競争が生まれ、勝敗も生じる。競争の弊害が目立ち、機会の拡大で競争を緩和しようとすれば、需要を上回る進学率の上昇が発生し、非効率な状態になる。これが、学歴のインフレや過剰教育という状態だ。社会的効率性を追求していたはずなのに、社会的非効率な事態が発生する。

アメリカでは、日本同様、教育を私有財と見なし、選択の自由を強調する社会移動機能に力点を置いた改革が推進されている。その結果、教育現場の平等な取り扱いは、悪平等主義として否定的に語られるようになっている。また市民性の涵養という抽象的な目的は、経済的ニーズや、教育を受ける子どもや保護者の関心が薄いため、優先順位が下がっている。その結果、学校に誰でもアクセスできることだけが民主的平等の理念を支える最後の砦《とりで》となる。ただ、高校（中等教育）まではほとんど誰もが進学するようになり、中等教育までは民主的平等がほぼ達成されている。したがって、議論となるのは高等教育へのアクセスだ。

ラバレーは、民主的平等、社会的効率性、社会移動の三つの機能の関係を慎重に検討し、これらすべてを同時に達成するのは不可能だと述べる。問題なのは、特定の価値観だけを追求して、他の価値観をすべて捨て去るという態度である。

近年の改革は社会移動と社会的効率性を強調しすぎており、バランスを欠いている。このことが、教育の公共財的な側面を見失わせる大きな要因となっている。ラバレーの指摘は、日本にも多々該当する面があるだろう。

2　民主的平等達成の困難

OEDトライアングル

出自を重んじる属性主義から、何をやり遂げたかを重視する業績主義へと、価値観が移行して、近代社会は成立した。

社会階層と教育は、教育社会学でもっとも研究蓄積の多い領域の一つだが、そこでは本人の実績（学歴）によって社会的地位（職業）を獲得できたか、そもそも教育を受ける機会が、出自によって偏っていないかが問われてきた。

階層と教育の関係を端的に示したのが、ＯＥＤトライアングルとよばれるものだ。Ｏは「Origin」（起源、つまり出身階層）、Ｅは「Education」（教育、つまり学歴）、Ｄは「Destination」（到達階層）の略である。階層の指標はいくつか考えられるが、社会学では一般的に、職業によって測定される。

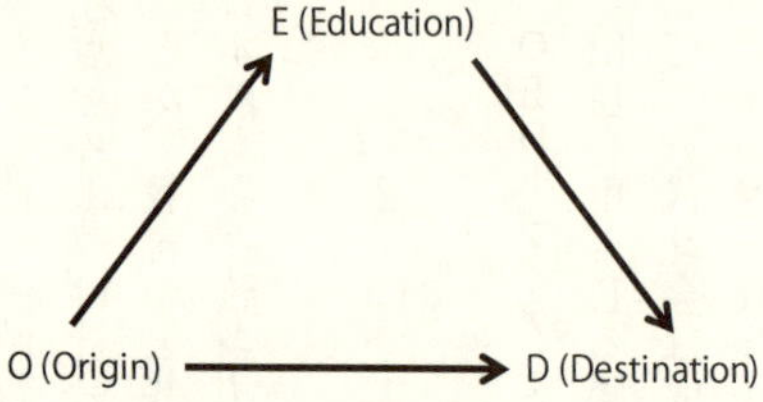

図２－１　OEDトライアングル

教育制度が存在しない前近代社会は、出自がものをいう社会であった。つまりＯによってＤはかなりの程度決まっていた。属性主義や、帰属主義が支配的な社会である。

一方、近代化とは、目的合理性（ある社会的、個人的目標に対して、より効率的かつ最大限の成果を求める価値観）を重視する社会となるプロセスである。

「ある親のもとに生まれた」ことは偶然に過ぎない。また、親が特定の地位や職業にあったからといって、その子も親と同様の適性や能力を保持するとは限らない。むしろ全く関係のない他者が、より高い適性を保持していることもありうる。したがって、試験や資格の有無を通して、その地位や職業への適性を判断する方が、親の地位を引き継ぐよりも合理的だと考えるのが近代の発想である。

近代社会では、教育を通して知識やスキルを身につける。だから、ある地位にふさわしい知識やスキルを身につけているのか、判断する根拠を教育が提供してくれる。つまり教育の成果は、ある人が知識やスキルを身につけた業績として、社会の中で流通する。こうして社会に支配的な価値観は、業績主義に変わってゆく。機能主義は、以上のような近代社会の価値観を表現したものだ。

つまり近代社会ではOとDの間を、Eが媒介する。機能主義的には、EとDの関係が強まるのは当然だ。Eという業績によりDを配分するのは合理的だからだ。そう考えると、日本でよく耳にする「学歴差別」は奇妙な言葉だ。なぜなら、学歴はその人の身につけたスキルレベルを示す業績であり、その業績によって処遇の違いが出るのは合理的で、それ自体不当とは言い難いからだ。

いわゆる「学歴差別」には、学歴を業績とする見方への異議申し立てという側面がある。日本では「学歴ではなく、実力（実績）で評価すべき」とか「学歴が高いからといって、仕事ができるわけではない」という発言をよく耳にする。つまり、学歴（成績）は仕事能力を反映していない、なぜなら教育内容と仕事の関係が強くない、なのに学歴が不当に重視されているという不満が存在するのだろう。

ただ、ラバレーが社会的効率性の機能を強調したように、教育が地位の配分に全く関係がないのであれば、やりたくもない勉強や試験を乗り越えてまで、受験競争に参入しようとする人はここまで増えなかっただろう。

すると、教育によって到達階層が決まるならば、教育の役割は大きくなる。だから教育を受ける機会が平等でなければ、社会的な公正性は保たれない。それだけでなく、人々の潜在能力が社会に広く分布していると仮定するなら、階層によらず、幅広く人材を求めることが合理的だ。したがってOとEの間には、当人の生得的な能力や性格、気質、志向性を除けば、特段関連がないのが理想だ。

しかし多くの実証研究によれば、OはEをある程度規定している。具体的には、大学に行ける人は、高所得者や高い文化的背景をもつ家庭の子に偏っている。これが教育の不平等である。

教育の不平等の程度は、社会（国や地域）によって違う。社会階層研究では、その不平等が長期的に縮小しているとする見方が、リチャード・ブリーンらのヨーロッパ諸国の比較分析によって示されている。一方で、エルゼベト・ブコディとジョン・ゴールドソープは、出身階層の指標のとり方により分析結果は変わるので、不平等が縮小していると結論づけるのは性急だと批判する。

このように、教育の不平等をめぐる大局的な趨勢《すうせい》は、必ずしも一致した見解はない。しかし、教育の不平等が完全に解消されている社会は存在しない、という点は、多くの研究者の間で同意されている。

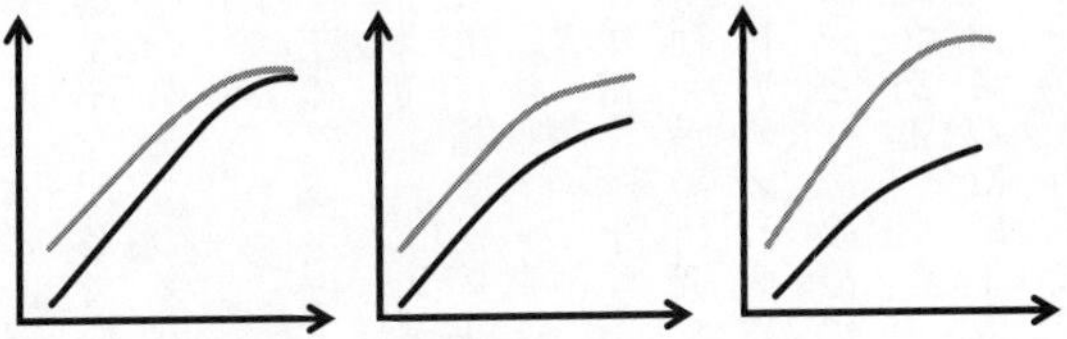

図2-2　教育拡大と格差の関係

教育拡大と教育機会の不平等

第1章で述べたように、第二次世界大戦後、日本では新しい教育制度が発足し、中等教育（高校）への進学の道が拡大された。その結果、急速に高校進学希望者が増加した。これを放置しておけば、当然競争は激化する一方である。したがって高校を増設し、少しでも高校入試の競争を緩和することが最優先課題となった。

高校が増えれば、高校入学者数は増える。これによって確かに、かつてであれば高校に行けなかったような生徒の進学の道が開かれるようになった。しかしそれで問題は解決しない。経験的に多くの日本人は理解できるだろうが、進学率が上昇すれば、次はどこの高校に行くかが重要になる。つまり縦の学歴（中学か、高校かという学校段階の違い）ではなく、横の学歴（どの高校を選択するか）が、社会的に意味をもつようになる。

図2-2は、教育拡大と階層間格差の関係を示したものである。三つのグラフがあるが、横軸は世代、縦軸は進学率だと想定する。

そして二本の曲線があるが、上の曲線が高階層出身者の進学率、下の曲線が低階層出身者の進学率を示している。

この三つのグラフをみると、進学率は、階層にかかわらず増えている。問題は、曲線の間隔である。

左のグラフは、途中まで一定の幅を保っているが、上の曲線（高階層の進学率）がほぼ飽和状態（一〇〇パーセント近く）になると、上昇が止まり、下の曲線が追いつくことで、最終的に格差が縮小している。真ん中については、その幅が縮小せず維持されており、右については むしろ幅が拡大している。このように理論的には、教育拡大が起こっても、進学率の差が常に縮小するわけではない。

社会階層研究で、こうした変化はどのように取り上げられてきたのか。有名なものに、エイドリアン・ラフタリーとマイケル・ハウトが唱えたMMI（Maximally Maintained Inequality）仮説と、その後にサミュエル・ルーカスが唱えたEMI（Effectively Maintained Inequality）仮説がある。

前者のMMI仮説は、進学率の上昇があっても、基本的に高階層も低階層も同じように進学率が上昇してゆくので、教育の不平等の程度は変わらず推移することを意味する。もし高階層の進学率が飽和状態（一〇〇パーセント近く）になれば、彼ら彼女らの進学率は伸びようがない。この段階で低階層出身者の進学率が追いついてきて、格差が縮小する。図2-2

でいえば、左のパターンである。

もしＭＭＩ仮説に立てば、階層による進学の不平等を解消するには、全体の進学率を上昇させればよい。高階層の進学率が飽和状態になれば、次々にそれより低い階層の進学率も追いつくからだ。だから政策目標は、進学率の上昇ということになる。

消えない不平等

一方、ＥＭＩ仮説は、アメリカのトラッキング研究の枠組みから検討されたものだ。アメリカには、日本のような高校入試は存在しない。公立ならば、原則、地域の高校に通学する。しかし高校レベルになると、生徒の成績や将来志向に、かなりのばらつきが出る。そこで高校の授業では、アカデミック（進学コース）、ジェネラル（総合コース）、ヴォケーショナル（職業コース）のようなコース分けをして授業を行う。このコース分けにあたるのがトラッキングである。

このコース分けは、各教科で別々に行われ、毎年変更することができる。当然どのコースを選択するかは、個人の自由である。だから「英語はアカデミック、数学はジェネラル」のような選択も可能だ。ちなみに、トラッキングのトラックは、陸上競技のトラックと同じ意味だ。つまりコース、道筋を意味する。

トラッキングは実質的に、特定の進路を選択しているという象徴的意味を付与する。生徒はその中で社会化され、そのトラック（コース）にふさわしい態度や志向性を身につける。トラッキングは、授業の難易度でランクづけされている。もし、もっとも難易度の高いアカデミック所属の生徒が、翌年ジェネラルやヴォケーショナルに変更すると、後で再びアカデミックに戻るのが難しくなる、といわれた。

つまりアカデミック・コースでは、難易度の高い進学のアスピレーション（意欲や向上心にあたるもの）が維持されている。しかしいったんアカデミック・コースから外れてしまうと、進学のアスピレーションが冷却される。もちろん制度的には、気分が変わって再度アカデミックに戻ることは可能だ。しかしそのような学生のほとんどは、再びアカデミックに戻らないという。一度冷却されたアスピレーションを再加熱し、成績を上げるのは難しいからだ。ジェームズ・ローゼンバウムは、これを「負けたら終わり」となるトーナメント戦にたとえ、トーナメント移動とよんだ。

ルーカスは、トーナメント移動という比喩は誇張であり、それに当てはまらないケースも多数あることを示した。とはいえ、どのコース（トラック）を選択するかには、階層間の違いが存在する。中等教育でのトラックの選択は、当然卒業後の進路選択に影響するし、実際特定の進路を誘導する名称がついている。だから適性に応じて特定の進路を効率的に誘導するようにみえて、トラックの選択を通して社会階層を再生産していることになる。そのためルーカスは、「効率的に（effectively）維持されている不平等」とよんだのである。

男	中学	職業系高校	普通科50%未満進学	普通科50%以上進学	普通科全員進学
75-94 低	.001	.030	.050	.361	**.558**
75-94 高	.000	.001	.005	.107	**.886**
55-74 低	.003	.118	.123	**.419**	.337
55-74 高	.000	.001	.004	.068	**.927**
35-54 低	.092	**.313**	.215	.291	.089
35-54 高	.000	.013	.034	.218	**.734**
女	中学	職業系高校	普通科50%未満進学	普通科50%以上進学	普通科全員進学
75-94 低	.001	.022	.039	.406	**.533**
75-94 高	.000	.000	.001	.062	**.936**
55-74 低	.002	.072	.098	**.496**	.331
55-74 高	.000	.001	.003	.092	**.905**
35-54 低	.211	.213	**.340**	.206	.031
35-54 高	.001	.007	.059	.298	**.634**

男	中学・高校	専門	短大・高専	大学Ⅱ	大学Ⅰ
75-94 低	.088	.136	.029	**.572**	.176
75-94 高	.002	.010	.003	.274	**.710**
55-74 低	.241	.160	.040	**.439**	.120
55-74 高	.001	.003	.001	.105	**.890**
35-54 低	**.537**	.048	.026	.266	.123
35-54 高	.050	.014	.009	.209	**.719**
女	中学・高校	専門	短大・高専	大学Ⅱ	大学Ⅰ
75-94 低	.107	.158	.201	**.458**	.076
75-94 高	.001	.007	.023	.335	**.633**
55-74 低	.294	.190	**.301**	.196	.019
55-74 高	.004	.011	.073	.382	**.530**
35-54 低	**.724**	.142	.094	.036	.004
35-54 高	.030	.055	.147	.321	**.448**

表２−１　日本のデータに基づくEMI仮説の検証結果（数値は予測確率）　出典：SSM2015年調査　高階層（父専門管理・両親高等教育・本100冊以上・財スコア平均＋標準偏差・成績普通）低階層（父非・半熟練・両親非高等教育・本100冊未満・財スコア平均−標準偏差・成績普通）※大学Ⅰは旧帝大・旧官立大（千葉・東工・一橋・新潟・金沢・神戸・岡山・広島・長崎・熊本）・筑波（東教）・東外・お茶の水女子・横浜国立・国公立医学部・都立（首都）・大阪府・京都府・横浜市・大阪市・東京六大学・ICU・上智・中央・青学・学習院・東京理科・関関同立　※※大学Ⅱは上記以外の大学　※※※順序プロビットでは、父職、両親学歴、15歳時家にあった本の冊数、財スコア、中３時成績を説明変数として考慮。財スコアとは、15歳時家にあった品目についてのダミー変数をもとに対応分析を行い、その第一軸についての個人得点の総和（正確には、年齢と強い相関があるので、総和を年齢で回帰したときの残差）を入れている　※※※※予測確率は調査サンプルと推定モデルに基づいて計算されたもので、数値自体が重要なわけではなく、太字で示される最も大きな数値となっているカテゴリーがどこかに着目する。高階層と低階層の間に、最大予測確率のカテゴリー間の違いがあれば、EMIが存在すると判断される

表2-1は、ルーカスの提唱する方法に従って、日本のSSM（Social Stratification and Social Mobility）データ（「社会階層と社会移動に関する調査」二〇一五年実施）で男女・出生コーホート（同じ時期に生まれた集団）別に、理論上の進路選択の率を計算したものである。まず順序プロビットという方法で、回答者の進路選択を推定する。その推定式に、高階層と低階層を表の下にあるような注で定義して、それに当てはまる値を代入し、回答者の選択する理論上の確率を計算する。ここでは順序プロビットが何なのか、という予備知識は考えなくともよい。

表の上二つのブロックは、男女別、そして高校の学科・コース別の、理論上の選択確率を計算したものだ。いずれも成績は中学校三年時点で真ん中あたりと仮定している。男女とも高階層出身者は、どのコーホートでも、進学率一〇〇パーセントの進学校に進学する可能性がもっとも高い。

しかし低階層出身者の場合、もっとも可能性が高かったのは、一九三五～五四年生まれの場合、男性は職業学科、女性は進学率が半分に満たない普通科高校であった。一九五五～七四年生まれでも、もっとも可能性が高いのは進学率五〇パーセント以上の普通科で、高階層出身者と違いがある。

ここでの成績は、回答者が中学校時代を振り返った自己評価であり、目安に過ぎない。私たちは、日本の学校の進路選択は、ほとんど成績で決まると考えがちだ。しかし実際には、同程度の自己評価の成績でも、階層による選択傾向に違いがあったことがわかる。これをみると、もっとも若いコーホートになって、初めて低階層出身でも、ほぼ全員が進学する進学校を選択する可能性がもっとも高くなったことがわかる。

今度は、高等教育の選択も含めて考えてみよう。下の二つのブロックの表が、それを示している。高階層の出身者は、中学校時代の成績が中程度であっても、一貫してもっとも可能性が高かったのは「大学Ⅰ」と分類されている有名大学である。それに対して低階層出身者にとって、大学Ⅰは高い壁となっている。一九三五〜五四年生まれに至っては、中卒・高卒者がもっとも高い。その後、教育拡大を反映して、男性は大学Ⅱ、女性は短大から大学Ⅱで進学者を伸ばしていることがわかる。つまり、もっとも若いコーホートになっても、同程度の成績でありながら、起こりやすい教育選択には階層間で違いがある。

学歴の量的差異から質的差異へ

ルーカスのＥＭＩ説が示しているのは、格差や不平等をなくそうと、表面上進学機会の枠を拡大しても、社会的に有利な地位を占める高階層出身者は、そうでない人たちとの差異化を図るため、別の次元の競争で優位に立とうとする。そのため格差や不平等は残ってしまう、という点だ。

彼は経済学で言及される「制度的ロックイン」や、レスター・サローが主張した仕事行列論と、EMI説の親和性を主張する。

私たちを取り巻く習慣や制度には、歴史的経緯が存在しており、物事の選択はそれらを完全に無視してなされるわけではないことを経路依存性という。仮に合理的な選択肢が用意されていても、組織や人の決断は、純粋に合理的計算だけに基づいてなされるわけではなく、過去の経緯を踏まえたものになりがちだ。過去の経緯に縛られ、合理的な決断が不可能になる制度的ロックインは、社会的な無駄や非効率性を生む原因とされる。しかし、それは人間社会が歴史性から免れ得ないことを意味している。

一方、サローの仕事行列論とは、労働市場で学歴をどう評価するか、という議論にかかわる。雇用者からみて採用したい応募者は、労働者としての育成（企業内訓練であるOJT：On the Job Training）にコストがかからない者が望ましい。つまり訓練可能性があるかどうかが重要であり、それを端的に示すのが学歴だと考える。このあたりは後述するシグナリング理論と同じである。

雇用者は、学歴や成績などを利用して、応募者の採用優先順位をつける。これが仕事行列である。そして雇用者は、その時の業績や景気などにより、必要な人材を上位何人、という形で採用している。機能主義モデルでは、一定のスキルを身につければ、それはあるジョブ（職務）への採用要件を満たし、就職に必ず有利に働くことを意味する。しかし現実には、スキルを身につけたから（資格を取ったから）といって、必ず採用されるとは限らない。仕事行列論は、その機能主義の盲点を突いた理論だと解釈できる。

学歴、成績、何らかの資格、これらはみな、仕事待ち行列の順位を根拠づける要素に過ぎない。だから高い学歴、よい成績、資格取得は、より上の順位に行けるという点で就職に有利に働くかもしれないが、就職を保証するわけではない。雇用者の側からすれば、現実に何かを習得しているか否かよりは、能力のありそうな者を順番に採用していくことになる。雇用側に余力があれば、比較的劣位にある者まで採用できるが、余力がなければトップから順に必要な人数しか採用しない。したがって応募者からすれば、できる限り仕事行列の前の順番につくことが、就職するうえで重要なのだ。

ＥＭＩに基づけば、進学機会が広がっても、今度は拡大された学校段階で、より威信の高い位置につくのが望ましい。高校や大学には、現実には社会的な評価が備わっている。したがって、どうせ進学するのなら、高い評価の学校に行くのがよい。

高学歴化が進めば、多くの人の学歴が高くなる。しかし学歴には大学・大学院までという上限があって、無限に教育レベルが上昇していくわけではない。高学歴化とは、上限である大学・大学院をはじめ、相対的により上位にある学校段階に進学する人の割合が増えて、低い学校段階で就職する人がどんどん減る（中卒で就職する人はほとんどいない）状態を意味する。だから学校段階に着目した、縦の学歴の散らばり（ばらつき）は小さくなる。なぜなら高学歴化により、皆が高い学校段階に進むようになるからだ。

大学進学率が低い時代であれば、大卒自体が社会的に価値をもった。しかし大学進学率が上昇すれば、その価値は相対的に低下する。すると大学進学率が上昇した社会では、どの大学に進学し、卒業したかが、より重要な意味をもつようになるはずだ。

ゴールドソープによれば、教育の不平等の縮小を主張する研究は、時代・コーホート間で、学歴に対する社会的評価が変化していることを考慮していないものが多いという。

たとえば統計的な分析で学歴を取り扱うとき、受けた教育年数に置き換えて表現することがある。中卒は九年、高卒は一二年、大卒は一六年という具合である。確かに年数が大きければ、学歴の高さを示しているに違いないし、処理上も解釈も容易である。しかし同一段階の学校間の評価の違いを表現できないし、社会全体の高学歴化で、明らかに教育年数の分散(散らばり)は縮小し、そのことが分析結果に影響を与えるはずである。

時代による学歴の社会的評価が変化していることや、同一学校段階の質的差異を考慮すると、概して教育の不平等構造は不変、という結論になる。日本については藤原翔《ふじはらしょう》・石田浩《いしだひろし》の実証分析が、それを裏づけている。

貧困率をどう読むか

3　子どもの貧困と教育

ＥＭＩは、教育機会の平等、特にラバレーの民主的平等という課題に向き合うことの困難さを証明している。二〇〇〇年代以降の日本では、この点に関連して深刻な問題が指摘されている。それは子どもの貧困問題だ。

一般的に日本で言及される貧困率の計算には、厚生労働省による「国民生活基礎調査」か、総務省による「全国消費実態調査」が用いられる。両者の調査目的が異なることから、サンプルの性質も若干違いがあるため、数値には微妙な差が生じる。調査目的やサンプルが異なれば、数値が変わるのは当然であり、どちらが正しい値なのかを議論する意味はない。

ただ両者の調査のクセや特徴を把握して、数値を読み取る必要はある。概して貧困率は「国民生活基礎調査」で高めに出る。しかし、貧困率が近年上昇傾向なのは共通している。もともと貧困率は、高齢者世帯、単身世帯、ひとり大人世帯で高い傾向にある。特に高齢者世帯とひとり大人世帯が増加していることが、貧困率の上昇に寄与していると推測される点も共通している。

貧困率は恣意《しい》的に決められるのではなく、決まった計算方法がある。ＯＥＣＤなどによる国際比較の統計も、その基準で計算されたものが使用されている。これは相対的貧困率とよばれている。

世帯の収入のうち、税や社会保障関連のあらかじめ天引きされる金額を除いた所得が、自分で判断して利用できる可処分所得である。この可処分所得を、世帯人員の平方根で割った値が、等価可処分所得である。

所得が同水準である場合、別々の世帯で生活するより、一緒に住む方が住居費や光熱費などの負担の点では効率的で、よりコストがかからなくて済む。特に住居費は額が大きいし、光熱費も世帯人数が一人から二人になったことで、かかるコストが倍になる（逆に一人分の負担が半分になる）と考えるのは行き過ぎなので、世帯人員の平方根で割っているのだ。

そして等価可処分所得を少ない順に並べたときに、ちょうど中央の順位にあたる所得が中央値（メジアン）となる。メジアンの半分にあたる等価可処分所得が貧困線で、貧困線に達しない人々が貧困状態にある、と定義される。

「子どもの相対的貧困率」とは、一七歳以下の子どもを分母にしたときに、貧困状態にある世帯に所属する子どもの割合である。この割合は徐々に上昇しており、二〇一二年には一六・三パーセント（「国民生活基礎調査」に基づく）で、OECD平均を上回っている。そのうち、ひとり大人世帯の貧困率は五〇パーセントを超えており（二〇一二年に五四・六パーセント）、これはOECDで最悪の水準である。

ちなみに、後者の数値について、時々「ひとり親家族」としているのを見かけるが、この表現は正確ではない。統計上は年齢区分が用いられており、一八歳から六四歳が「現役世帯」と定義されているが、世帯主がこの現役とされる年齢に所属し、かつその年齢の大人が世帯に一人しかいない、というのがひとり大人世帯の実態である。したがって該当する現役世代が親であるとは限らず、祖父母や当該年齢に達した年長のきょうだいである可能性もある。

いずれにしても、子どもがいる家庭に大人が一人の世帯は、子育てで圧倒的に不利であろう。特に子どもが小さければ、傍《かたわ》らで接してあげたいだろうが、収入のことを考えれば、そうはいかない。家事の分担もままならない。つまり稼得労働と、家事育児がすべて一人の大人の負担になるが、日本の職場や保育サービスが、稼得労働と家事育児の両立にどこまで柔軟に対応できるのかといえば、かなり心許《こころもと》ない。

このような困難な状況は、少なくとも幼い子どもの責任ではない。そして子ども自身が環境を選択し、変革させることは不可能である。こうした状態を放置しておけば、その子どもたちは、社会に対する無力感を抱く可能性が高まるだろう。

無償と無料

日本では、義務教育が小学校と中学校の九年と定められている。義務教育は、憲法第二六条の二項を根拠とし、保護者はその子女（子ども）に、教育を受けさせる義務があると定めている。義務を負うのは子ども本人ではなく、保護者である（子どもがもつのは、教育を受ける権利である）。そして憲法では「義務教育は、これを無償とする」とあり、この無償の意味が問われることになる。

それは教育基本法の第四条に定められており、「国民は、その保護する子女に、九年の普通教育を受けさせる義務を負う」とある。普通教育とは、職業教育や専門教育ではなく、全国民に共通する一般的、基礎的な教育を指す。そしてその第二項には「国又は地方公共団体の設置する学校における義務教育については、授業料は、これを徴収しない」とあり、この授業料の不徴収が無償の意味するところである。

現在、教科書無償措置法により、義務教育での教科書は無償で給付されている。ただし無料給付は第二次世界大戦直後からではなく、(一九五〇年代に部分的に導入された例はあるが)一九六三年度の小学校入学生から段階的に導入されてきたものだ。義務教育全学年の無償給付が達成されたのは、一九六九年である。

つまり、無償は無料(金がかからない)を意味しない。文部科学省では、隔年で「子供の学習費調査」を実施しているが、それをみればわかるように、実際には公立であっても、副教材や制服、給食、校外学習(修学旅行や遠足)などの費用がかかる。

表2-2は二〇一四年度のものだが、塾や習いごとのような学校外教育を受けるかは別として、義務教育の、しかも公立学校でさえ、一定のコストを支払っていることがわかる。部活のような教科外活動が活発になるのは中学校・高校だが、学校教育費と給食費を合わせて、年額で一六万円から二四万円ほどを負担している。

公立高校の授業料は、民主党政権時代に無償化されたが、自民・公明の連立政権に戻ると所得制限が付き、高額所得世帯の子は授業料を負担することになった。その負担分を平均すると、表２－２にある七五九五円という数字になる。公立高校の授業料は、無償化以前は年額一一万円ほどであった。それがなくなったのは、家計にとっては大きい。しかし、無償化により金銭的問題が解決されたかのように考えるのは誤りである。この表からもわかるよう

	公立				私立			
	幼稚園	小学校	中学校	高校	幼稚園	小学校	中学校	高校
学校教育費	119,175	56,655	128,964	242,692	319,619	885,639	1,022,397	740,144
授業料	64,357	…	…	7,595	209,277	469,173	435,917	258,542
修学旅行・遠足・見学費	2,022	6,422	22,918	30,436	2,983	43,098	63,707	51,766
学級・児童会・生徒会費	3,258	4,354	4,241	13,093	267	12,521	8,629	11,623
ＰＴＡ会費	4,014	3,041	3,507	7,050	3,898	12,820	14,023	13,833
その他の学校納付金	3,818	1,240	4,252	28,536	39,872	190,144	244,007	200,992
寄附金	31	277	55	152	314	15,017	13,955	2,207
教科書費・教科書以外の図書費	745	1,459	4,536	21,081	2,020	4,839	13,459	22,600
学用品・実験実習材料費	7,820	17,181	20,109	16,114	12,959	25,492	27,762	16,591
教科外活動費	407	2,550	32,468	39,840	2,186	13,633	55,170	45,892
通学費	5,859	1,414	7,121	45,253	15,823	42,271	80,817	73,525
制服	3,370	3,188	17,151	20,236	6,226	29,623	42,993	28,056
通学用品費	14,564	11,367	8,822	9,246	14,346	17,848	14,859	9,716
その他	8,910	4,162	3,784	4,060	9,448	9,160	7,099	4,801
学校給食費	19,382	40,937	38,422	…	36,836	46,089	4,154	…
学校外教育費	83,707	236,542	314,455	167,287	141,553	604,061	312,072	255,151
学校教育費＋給食費	138,557	97,592	167,386	242,692	356,455	931,728	1,026,551	740,144
子どもの学習費　総額	222,264	334,134	481,841	409,979	498,008	1,535,789	1,338,623	995,295

表２－２　子どもの学習費（2014［平成26］年度）　単位は円。出典：「子供の学習費調査」（文部科学省）

に、無償化により金銭的負担がゼロになったわけではない。

深刻な子どもの貧困化

誰しも自分の育った学校環境が、日本の学校の典型と考えがちである。もちろん地域差はあるし、時代による変化もある。ただ、子どもの貧困問題は、二〇〇〇年以降、状況が著しく悪化した現象の一つである。

保護者は確かにその子女に対して、小・中学校の教育を受けさせる義務を負っている。したがって子どもの教育は、第一に保護者が責任を負うべきなのだが、国が義務教育を定めている以上、責任を保護者に丸投げするわけにはいかない。何より子どもは、保護者の状況如何にかかわらず、等しく教育を受ける権利をもっている。保護者がその責任をまっとうできなければ、政府が子どもの教育を受ける権利を保障しなければならない。

これは、学校教育法第一九条に「経済的理由によって、就学困難と認められる学齢児童又は学齢生徒の保護者に対しては、市町村は、必要な援助を与えなければならない」とあることからも明らかである。この条文を根拠に定められているのが、就学援助制度である。

就学援助の対象者は、要保護児童生徒と、準要保護児童生徒に分けられる。前者は生活保護法第六条二項に該当する要保護者の児童生徒である。二〇一四年現在、全国で一四万人おり、これは全児童生徒の一・五パーセントである。

後者については、細かな基準は市町村教育委員会で異なるのだが、教育委員会が生活保護法第六条二項に該当する、要保護者に準ずるほど困窮していると認める者の児童生徒、とされる。該当者は全国で一三五万人、全児童生徒の一四パーセント弱である。

該当する児童生徒の割合は、かなりの地域差がある。東京、大阪といった大都市圏のほか、北海道、広島県、山口県、高知県、福岡県、鹿児島県、沖縄県で二〇パーセントを超えている。ピーク時よりは下がっているが、特に都市部で状況の悪かった二〇〇五年には、大阪府は三割に迫る状況だった。ただし二〇〇五年は、比較的低い水準をキープできていた自治体

	1995年	2005年	2010年	2014年
北海道	9.61	20.07	23.23	22.58
青森県	5.63	13.01	17.72	18.45
岩手県	3.71	7.01	10.31	13.43
宮城県	2.73	7.51	10.47	16.16
秋田県	3.90	8.06	12.05	13.33
山形県	2.45	4.93	6.87	8.11
福島県	2.87	7.35	10.62	13.93
茨城県	2.23	5.47	6.89	7.10
栃木県	2.13	4.86	6.29	6.84
群馬県	2.92	5.78	6.42	6.85
埼玉県	3.45	10.53	12.48	13.32
千葉県	2.19	6.61	7.88	8.78
東京都	12.69	24.41	24.14	21.56
神奈川県	4.38	12.34	15.05	15.79
新潟県	5.05	13.34	18.81	19.20
富山県	2.53	5.83	7.36	6.85
石川県	3.98	9.90	13.25	13.63
福井県	2.37	5.76	7.41	7.95
山梨県	2.98	6.58	9.76	10.03
長野県	3.43	8.04	10.54	11.04
岐阜県	2.38	5.62	6.99	7.66
静岡県	1.87	4.16	5.56	6.68
愛知県	4.25	9.09	10.10	10.40
三重県	3.19	8.03	10.77	11.84
滋賀県	3.53	9.68	12.04	12.73
京都府	7.55	15.08	19.70	19.76
大阪府	12.49	28.39	28.06	24.53
兵庫県	11.19	16.79	15.71	15.99
奈良県	6.11	10.46	11.53	12.05
和歌山県	5.18	11.63	14.09	14.75
鳥取県	4.64	10.60	13.64	15.02
島根県	4.17	9.04	13.25	14.64
岡山県	5.44	12.85	14.92	14.90
広島県	6.44	16.66	21.61	22.35
山口県	11.10	24.01	25.82	23.82
徳島県	7.18	13.33	14.99	14.71
香川県	3.94	9.55	12.55	13.60
愛媛県	3.33	8.22	10.74	11.99
高知県	10.02	18.04	23.28	25.00
福岡県	9.07	18.03	21.71	23.51
佐賀県	3.46	7.20	10.40	11.48
長崎県	5.81	12.60	16.13	17.47
熊本県	5.16	9.77	12.80	14.53
大分県	5.71	11.47	14.61	16.09
宮崎県	5.64	9.80	13.66	15.33
鹿児島県	8.41	14.74	19.40	21.38
沖縄県	8.36	13.26	17.10	20.21

表２－３　要保護・準要保護児童生徒率の推移　単位は％。2013年度については、被災児童生徒就学援助事業対象の児童生徒も含む。文部科学省の調査に基づく（http://www.mext.go.jp/a_menu/shotou/career/05010502/017.htm）

も多い。

一九九五年のデータをみてみよう。このときはそもそも、パーセンテージが二桁《けた》の自治体が僅《わず》かである。準要保護まで含めても、対象者は極めて少なかった。当時は子ども数自体がまだ多かったが、要保護児童生徒は九万人弱と、実数でも二〇一四年を下回っている（全児童生徒の〇・七パーセント）。準要保護児童生徒は約六八万人と、二〇一四年の約半数である。割合も当時の全児童生徒の五・四パーセント、つまり当時の子どもにとって、貧困に喘ぐ同級生の姿や家庭をみるのは、地域にもよるが、必ずしも一般的ではなかったと推測される。

貧困の地域的偏りは大きく、この数値は都道府県レベルで平準化したものだ。しかし、平準化しても二割を超える都道府県があるのは、かなり深刻な状況だ。これを特別区や市町村レベルにすると、四割近くの受給率になる自治体もある。

身近に子どもがいないと、こうした変化に気づきにくい。また、仮に子どもがいても、ついつい自分の幼少期を重ねてみてしまいがちだ。貧困があまり社会問題として取り上げられなかった時代に幼少期を送った世代には、この状況は理解しにくいかもしれない。

さらに上の高齢世代だと、貧しかった時代の日本における自己の経験を、現在の子どもに当てはめて考えてしまう人も多い。今は基本的な電気製品も揃っており、携帯電話をもち、飢えるということもほとんどない、などと、現在の貧困問題を軽くみる人もいる。自分の経験を正当化して、現在の子どもや若者を否定する言説は、このようなレベルのものが多い。

しかし子どもからみた場合、自分の環境を認知し評価する基準は、何十年も前ではなく、今ここで生活している周囲の友達などを含めた日本社会が参照基準となる。

階層間の教育の不平等をどう考えるか

日本では就学前教育と高等教育で、私費負担が大きすぎることはすでに指摘した。日本では特に、高等教育での給付型の奨学金がほとんどない（統計的にほとんど表れない）という稀な国であった。こうした実情に対する批判もあってか、ようやく給付型奨学金の創設が議論の俎上に上り、二〇一七年度から部分的に実施されている。

経済的資源、端的に言えば、お金は生活の基礎であり、それを無視して進学を語るのは不可能である。しかし金銭的な不足分を補えば、問題は解決するのだろうか。

確かに学校（学歴）に対する価値観や成績は、家庭の経済状況の影響を受けることも多いだろう。日本のように学費が多くかかる場合には、子ども本人が家計の状況を見込んで志望校や進学の有無を決めることも増えるだろう。塾をはじめとする学校外教育を受けられるか否かは成績とも関連があるが、当然金銭的コストがかかるから、学校外教育を受けられるか否かは家庭の経済状況に依存する。

しかし、それればかりではない。たとえば、勉強に適した環境が家庭にあるか否かとか、家庭のもつ文化的嗜好《しこう》の違いが幼少期から蓄積されれば、学業成績や進路志向に大きな違いが生まれることは、多くの実証研究が示してきた事実だ。

もっとも、こうした生活様式や価値観について、完全に階層差がなくなると考えるのは、あまりに非現実的である。そして、生活様式や価値観にまで政策が介入することについても、議論の余地はあるだろう。また統計的な分析で「関連がある」というのは、すべての人に当てはまることを意味するわけではない。

一般論として、学歴が高ければ高い所得や高い職業的地位を得られる可能性が高い、という点で、教育の果たす意味は大きい。だから、より高い学歴の獲得が望ましいことになる。望ましいとは、もちろん道徳的に、という意味ではなく、社会的に有利だ、というニュアンスである。

学歴が高くなくても職業的な成功を収めている人はいるし、逆に学歴が高くてもそれをうまく活かせていない人もいる。ただ傾向としては、そういう人は少ない、ということだ。教育に不平等が存在することは、所得や地位につながる教育を受けるチャンスが平等に開かれていないという不公正さにかかわる。言い換えれば、教育を利用せずに社会的地位を得るという少ないチャンスに賭《か》けなければならなくなる。だから教育の不平等は、社会的な問題となるのだ。

一方で、「親の背を見て子は育つ」ではないが、親の働く姿を見て自分もそうなりたい、と子どもが考えるのは不思議なことではない。技能職では、そうして職が継承されることもめずらしくない。それらの職業には、高学歴を必要としないものもある。結果として教育の格差が生じる。ただ、これを不平等と考え、政策的に是正すべき課題と考えるべきなのだろうか。

実際の人間行動は複雑である。子どもは成長してゆく中で、生まれ落ちた家庭の影響を受けるだろう。その後は、学校に入り、多様な友人や先輩・後輩、そして教師と出会い、人生観も変遷する。

さまざまな出会いがある中で、子どもが人生にかかわる進路決定を行う。結局、自由な進路選択の権利が個人に保障されているならば、本人の努力では解決のつかない要因によって、その決断が阻害されるならば、そのような要因をできるだけなくしていくことが、最終的に落ち着く結論ではないかと思われる。筆者は、全員が大学に行くべきだ、そういう社会が理想的だ、とは考えない。しかし、大学進学を希望し、それに向けて努力した人が、家庭の収入などの外的要因で希望をかなえられない状態は望ましくない、と考える。

さらに、そうして進学機会を阻まれた場合、もちろん辛い思いをするのは本人である。それだけではなく、日本社会では進学費用を家計で負担すべしという規範が強くあるため、それをかなえさせることができなかった親の尊厳も傷つけることになる。自分の子どもに進学をさせてあげられなかった、という負い目を、親は背負って生きていかなければならなくなる。

本書の冒頭に述べたように、教育の正の外部性は、社会全体に及ぶ。そう考えれば、教育費を公的に賄うことには一定の合理性がある。

それでも費用負担を個人に多く負うことに、どういう意味があるのか。支払える人は、自分（とその親）が、自らの力で勝ち取った学歴だという認識を強くもつだろう。その場合、学んだ内容を活かして社会に役立てるというよりは、獲得した学歴を利用して高い地位と収入を得て、自ら支払ったコストを回収しようと考えるのが合理的だ。だから高い学歴を経ても、獲得した地位にふさわしい社会的責務を果たそうという意識は抱きにくいだろう。

一般的に学歴が高い人は、教育熱心だし、教育に関心を抱く傾向がある。ただし教育費を個人負担に任せておけば、受けた教育は公的な機能をもつというより、支払ったコストに対するサービス、と捉えられがちになる。もてる者の間で、金さえ出せば好きな教育を受けさせられるという風潮が蔓延《まんえん》すれば、教育を通じた民主的平等どころか、教育を通じた社会の分断が進むリスクすらあるかもしれない。

無償化論の陥穽

したがって教育機会を均等に提供する仕組みを構築し、社会が下支えすることは重要だ。そのために、教育の無償化が言及されることがある。しかし財源は無限ではない。

日本で無償化の実現性が議論の対象となるのは、それがほとんど実現していない就学前教育か、高等教育になる。ただし、ほとんどの三歳児以上の子どもは、すでに就学前教育を受けていること、また高校を卒業してすぐに就職する生徒は二割弱であるという現状は理解しておこう。こういった状況のもとで、無償化の意味やインパクトは何なのだろうか。

就学前教育について、社会的効率性より民主的平等という観点に重きを置き、実質義務教育と見なして社会的に担うべきだ、だから無償化すべき、という考え方はあってよい。社会政策の決定は、常に効率性を最優先に判断しなければならないものではない。

しかし、赤林《あかばやし》英夫《ひでお》が指摘しているが、三歳児以上の就学前教育の無償化は、家計からみれば、支払っていた幼稚園や保育所の費用が浮くことを意味するだけだ。また保育料は所得に連動しており、低所得層の負担額はもともと少ない。幼稚園の授業料も、収入によっては免除されることがある。つまり無償化が導入されても、低所得層の家計に大きな影響はない。しかし、高所得層の負担はただになる。すると高所得層は、そこで浮いた金を、追加の私的学校外教育（習いごとなど）に使おうとするかもしれない。そうなると無償化は、むしろ格差の拡大すら起こしかねない。

財源に限界がある以上、政府はコストをかける対象について、優先順位をつけざるを得ない。日本では都市部で、待機児童の問題が深刻化している。すでに浸透している三歳児以上の就学前教育より、まず必要としている人が多数いながら供給が追い付いていない保育所の拡充を優先すべきだろう。待機児童を抱える保育所の問題の方が、機会の平等という点ではより深刻だし、保育所不足で有能な女性まで仕事を辞めざるを得ないのだとすれば、それは経済的損失でもある。

なお、もし〇~二歳児の保育を無償化しようとすると保育費が高いからと就業継続を諦《あきら》めていた女性の就業継続を喚起する。つまり潜在的な待機児童が発掘され、今、待機児童としてカウントされている以上の待機児童が出現するはずだ。待機児童の問題を解決せず、安易に保育を無償化すると、そもそも保育サービスすら受けられない層と、サービスを受けつつ、しかも無償という層とで、著しい不公平を生みかねないことも考慮すべきだ。

高等教育については、全員が進学するわけではない。無償化の財源は税だが、税は高等教育進学者だけから徴収するわけではない。それでも公費をつぎ込むことが正当化されるのは、繰り返しになるが、正の外部性が存在するからだ。

ただ高等教育は基本的に専門教育であり、その専門性や学歴の高い価値が労働市場で評価されるから、高い見返り（所得）が得られるというものだ。もちろん高等教育は社会的便益をもたらすが、将来の私的便益も無視できない。高等教育を受けていない人からも徴取した税で、高等教育の無償化を行うことがフェアなのか、という問題がある。

高等教育の学費が社会問題化しているのは、高等教育の拡大とも関連している。一部のエリートしか進学しない時代であれば、それは社会のごく一部の話に過ぎなかったので、高等教育の学費を社会全体の問題として共有しにくかった。それがマス段階、ユニバーサル段階になると、それまで高等教育と縁のなかった層も、高等教育進学を考えるようになる。このことは中・低所得層も以前より進学を考えるようになることを意味し、高等教育の学費が社会問題になるのは必然ともいえる。

また無償化の範囲はどこまでを想定しているのか。大学が話題になることが多いが、短大や専門学校はどうなるのか。職業的スキルを獲得することが重視される昨今、大学・短大と専門学校で、学ぶことや身につけるスキルは、学校や分野によってはその区別が曖昧である。大学・短大だけを無償化すれば、専門学校にとって死活問題だ。当然専門学校も無償化を要求するだろう。無償化する大学を選別するという議論もあるようだが、そのような制度設計が本当に可能なのだろうか。

さらに、特定の職業に結びつくような専門性の高い分野は、社会全体で負担するに見合うほどの便益をもたらすのか疑問のあるものも多い。それほどの高い専門性や資格があれば、市場でそれを売りにして所得（私的便益）を得られるし、そうしたサービスが必要な人は、私的に費用を支払い、サービスを受ける。このように当事者間で取引が成立すれば、そこに公費をあえて投入する必然性は乏しい。一定程度私的便益を受けることが可能な教育を、公費で無償化することに、どこまで社会的コンセンサスが得られるのだろうか。

ただ高等教育により所得が増えれば、彼らはその分多くの税を納めることになり、社会的貢献をしているとも解釈できる。現在の日本の高等教育は、高水準の授業料の上に、低所得層へのサポートが不足しているのが問題だ。税収が大きく増えることが望めないとすれば、せめて授業料の水準（特に私立）をもう少し下げ、授業料の減免や給付型奨学金の拡充で補うのが現実的な路線なのかもしれない。

教育費の問題について、注目が集まり議論されること自体は歓迎すべきことだ。しかし目先の利益やスローガンに惑わされるのではなく、どのような社会観や将来像を念頭に、いかなるインパクトを狙《ねら》って特定の政策が実行されようとしているのか、有権者には冷静な判断が求められている。

財源の裏づけがなく、ただ無償化というスローガンが先行し、それが実行されたらどうなるだろうか。学校の運営にはコストがかかるが、その十分なリソースが調達されないままで無償化を先行すると、著しい教育の質の悪化をもたらす可能性もある。十分な人件費が確保できず、現場の教員の過重労働や、非正規雇用の教員の増加など、現場がその皺寄《しわよ》せを受けるかもしれない。コストをかけず、いいものだけを得ようという、うまい話は存在しない。

そこで次章以降では、有権者として、推進される教育政策のインパクトを、より正確に判断するための、教育データの見方や解釈の仕方を紹介したい。

第3章　教育政策とエビデンス

1　注目を集めるエビデンス

過去にも実施されていた学力調査

教育政策の判断に際して、ムードに流されるのではなく、科学的で客観的な根拠が必要とする指摘は増えている。

二〇〇〇年代後半以降、教育現場に大きなインパクトを与えたのが「全国学力・学習状況調査」である。この調査は二〇〇七年に始まり、原則として悉皆《しっかい》（全数）調査で実施されている。テストの点も把握できるため、データが個票レベルで入手できれば、児童生徒の客観的な学力を考慮した分析が可能である。

もっとも、全国規模の学力調査は初めての試みではなかった。日本では、一九五〇年代半ばから、小・中・高の児童・生徒を対象にした全国学力調査が実施されていた。特に中学校では、「一斉学力調査」として悉皆調査が実施されていた（通称「学テ」）。

しかし、学テは地域間の競争を煽り、さまざまな不正行為を生じさせた。そして日教組を中心に、学テが教育の国家統制を強め、国家が教育内容を決める権利（教育権）を国民から奪うという主張のもとで、反対運動が起こった。有名なのが、一九六一年一〇月、北海道旭川市の中学校で、学テに反対する教師が実力行使でテストをやめさせようとして、公務執行妨害罪に問われた「旭川学テ事件」である。この事件で、一審は学テを国家による教育の不当な支配と認め、当時の文部省は学テ廃止に踏み切らざるを得なかった。

この判決は二審でも支持されたが、上告審（最高裁）では一転して違法ではないとの判断が下された（一九七六年五月）。しかし騒ぎとなったこともあって、全国規模で学力を把握しようとする動きは、（八〇年代の一部を除き）「ゆとり教育」導入による学力低下論の出現まで現れなかった。

全国学力調査の復活

学力テスト復活のきっかけとなったと思われる対談がある。一九九九年七月五日と一九日の『朝日新聞』朝刊の教育面に掲載された、当時東大助教授の苅谷《かりや》剛彦《たけひこ》と、当時文部省政策課長の寺脇研《てらわきけん》のものである（この対談は後に『論座』一九九九年一〇月号に掲載される）。

後に（おそらくこの対談を振り返って）国際政治学者の藤原帰一《ふじわらきいち》が、『朝日新聞』夕刊（二〇〇二年五月三〇日）の「論壇時評」で、一連の教育論議を以下のように総括した。

苅谷の最大の貢献は、彼が主張した学力低下論の内容そのものというより、「改革の前提には現状把握が必要だという、ごく当たり前のことを指摘したこと」であり、また「どこをどう改革すべきか、その現状を具体的に見ることとなしに『改革』を進めてきた教育改革の実態」を実証的に示そうと試みた点にある。ごく当たり前、と述べたが、これは苅谷の評価を貶《おとし》める意図で使っているのではない。現状把握もせず改革すべきといってきたのは、当時の文部省だけではなく、マスメディア、有識者、政治家、皆同じ穴の狢《むじな》であり、誰もその問題点を指摘してこなかったのだ。「全国学力・学習状況調査」が二〇〇七年に復活したのは、そうした時流に乗った面もあるだろう。

またこの間に、小泉純一郎政権下の「聖域なき構造改革」の一環として、義務教育費国庫負担制度が槍玉《やりだま》に挙げられた。制度の堅持を主張する文部科学省は、総務省や財務省と激しく対立した。文部科学省は、主張を裏づける多くの証拠を示す必要に迫られた。つまり理念ベースではなく、実証データを根拠に説得しなければ、総務省や財務省との議論に勝てなかったのだ。文部科学省が実証データを使用し、議論に参加することによって、国庫負担率は二分の一から三分の一に引き下げられたものの、制度は維持されたのだ。

このような実証データを重んじる動きは、日本に限定された話ではない。アメリカやイギリスでは、データをもとに議論を展開する風潮が以前から強かった。教育に関しては、成績や家庭環境を含んだデータが蓄積され、研究者がそのデータを利用するのは一般的だった。

「エビデンス・ベースド」の起源

エビデンスは、証拠や根拠などと訳される。教育に先立って、この語が強調して用いられたのは、医療分野であった。津谷喜一郎《つたにきいちろう》によれば、根拠に基づく医療を最初に提唱したのは、カナダのゴードン・ガイヤットで、一九九一年のことだ。しかしその概念の世界的普及に大きく貢献したのは、イギリスに端を発するコクラン共同計画（一九九二年〜）である。

多くの先進諸国は、重い財政負担に苛《さいな》まれている。イギリスの医療は無料を謳っているが、その原資はもちろん国民が支払っており、予算は無限ではない。そうした逼迫した状況のもと、アーチボルド・コクランは、何でもかんでも無料の医療を、というのではなく、有効な医療に無料の治療を、と説いたのだ。正当な科学的実験により、医療の効果の有無が検証される。その検証結果は蓄積、整理されて、再分析される。これをメタ分析という。こうしてデータは更新される。この一連の流れが、システマティック・レビューである。

コクラン共同計画は、メタ分析、システマティック・レビューの手続きを核として、世界中でエビデンス・ベースドの医療を普及させていった。こうして、効果のない医療行為への、無駄な費用の投入を防いだのだ。

教育政策への適用拡大

医療分野の「エビデンス・ベースド」の流れは、その後、アメリカやイギリスで急速に、教育分野に浸透していった。

社会科学におけるコクラン共同計画にあたるものが、キャンベル共同計画である。この計画は二〇〇〇年に発足し、刑事司法、社会福祉、教育の三つの分野において、コクラン共同計画と同様のシステマティック・レビューを行うことが目指された。

そもそもイギリスには、フランシス・ベーコンやジョン・ロックらの経験哲学の伝統がある。また、進取の気概を抱いて渡航した人々の子孫が構築したアメリカ社会では、経験に根差したプラグマティックな思想が定着し、実態という証拠をもとに説得的な議論を組み立てる伝統が確立していた。

科学的手続きは、オープンでなければならない。誤りがあれば、修正される。科学的仮説には、反証可能性が備わっていなければならない。

検証の結果、誤りが見つからなければ、その仮説は修正の必要がないものとして当面維持される。しかし誤りが発見されれば、その仮説は否定される。このようにして、科学の発見的手続きは次のステージに進んでゆく。以上の手続きを、可能な限り詳《つまび》らかにし、第三者も自由に議論に参加できるようにしておくのだ。

このような流れは、深刻な財政難に直面していたから、必然的に生じたといえる。政府の支出がすでにある領域から、その支出を横取りするのは困難だ。なぜなら、その領域では、直接その便益を享受する人々が存在し、そうした人々の抵抗が予想されるからだ。しかしエビデンスにより有効性を証明できなければ、限られた公的資金をつぎ込む根拠がないと判断され、今度は支出削減対象となる。

エビデンス・ベースドの教育政策が、具体的な形で表れるようになったのは、アメリカの通称「落ちこぼれ防止（No Child Left Behind：ＮＣＬＢ）法」の制定（二〇〇二年）以降である。これは初等中等教育法の最新の改訂版で、教育の成果の説明責任（アカウンタビリティ）と、科学的な研究に基づく効果のある施策が期待されている。生徒の学力向上度を測るために、全米学力テストが実施され、その結果に対し、学校、学区、州は説明責任を負う。

アメリカでは、黒人やヒスパニック、低所得者、障害者や非英語圏出身の移民（の子）などに学力の低い者が多く、置き去りにされてきたことがずっと問題になってきた。それを是正するために、学力を厳格に測定し、教育の成果があったのか評価し、結果責任を求めるようになったのだ。

ただ一口に「科学的研究」といっても、教育研究の質はさまざまだ。そこでランダム化比較実験（Randomized Controlled Trial：ＲＣＴ）を最上位とし、非ランダム化比較実験、準実験、観察研究という順で、エビデンスにランクがつけられた。こうして、ＲＣＴやそれに近い枠組みの研究が重視され、研究助成も、そうした枠組みのものに重点的に配分されるようになった。RCTとは何か、また問題点が何かについては、後に触れることとする。

2　社会科学の教育政策への関与の歴史

コールマン・レポートが発表されるまで

データを重視するアメリカの教育界で、その流れを決定づけた調査といえば、一九六六年に発表されたコールマン・レポートが挙げられるだろう。

コールマン・レポート（正式には、「教育機会の平等（Equality of Educational Opportunity）」）は、付録を含めると七〇〇ページを超える大部の報告書だ。とりまとめた中心人物が、当時ジョンズ・ホプキンズ大学で教鞭《きょうべん》をとっていた、第1章でも言及したコールマンであった。

なぜこれが、今に至るまでインパクトをもつようになったのか。コールマンにとって、教育の実証研究は、象牙《ぞうげ》の塔にこもった座学ではなかった。つまり、政策と密接に関係しながら「証拠（エビデンス）に基づいた政策」を推進するきっかけになったのが、この報告書なのだ。

ここでコールマン・レポートが出た経緯を、簡単に振り返っておきたい。

南北戦争後に成立したアメリカ合衆国憲法修正第一四条により、アメリカ合衆国で生まれ

ジェームズ・コールマン（1926～95）

た者、帰化した者すべての市民権が保障された。しかし南部諸州は、北部出身者が推進してきた奴隷制廃止を何とか骨抜きにしようと試み、連邦政府による各州への干渉が減少すると、黒人が白人と同じ公共施設を利用するのを禁じる法律を次々と施行した。この一連の人種隔離・差別法をまとめて、ジム・クロウ法という。

一八九二年、有色人種と分類されていたホーマー・プレッシーは、ジム・クロウ法の規定に反して白人の車両に乗車し、他の車両への移動を拒否して投獄された。そこでプレッシーは、ルイジアナ州の人種分離法が憲法修正第一四条に反すると訴えた。最高裁まで争われたこの裁判は、最終的にプレッシーの敗訴で終わった。なぜなら、州による「分離平等政策（人種間を分離していても、同じものが与えられれば平等と見なせる）」が、修正第一四条に反しないと認定されたからだ。これが有名なプレッシー対ファーガソン判決である（一八九六年）。

アメリカの公立学校財政は、その地域の財産税（固定資産税）に依存している。これは、「地価の高さ＝地域の豊かさ」が、学校経営に直接影響することを意味する。アメリカは人種の坩堝《るつぼ》といわれるが、実際には同じ人種の人々が固まって住むことが多い。形式的にどちらの地域にも学校が設置されているが、相対的に豊かな白人地域の学校と、貧しい人々の多かった黒人地域の学校で、学校の学習環境に差があると感じた人は多かっただろう。

事態を打開する転機となったのは、一九五四年のブラウン対トピカ教育委員会判決である。黒人溶接工のオリヴァー・ブラウンの娘リンダは、徒歩でも通える近所の学校が白人専用なので、わざわざバスに乗る必要のある（しかもそのバス停までは距離があり、鉄道の転轍機《てんてつき》［ポイント］のある危険な箇所を通過しなければならない）遠くの黒人学校に通わざるを得なかった。父オリヴァーはこの点を重くみて、全米黒人地位向上協会の支援を受けて、近所の学校へのアクセス権を求めて訴えたのである。

この訴訟では、学校が人種隔離制度を採用しており、それが法的に強制されていることを問題にしていた。最高裁は、社会通念として、有色人種が劣っているという価値観が浸透している社会で、人種隔離が強制されることは、結果として黒人に劣等感を生み、黒人児童の発達に悪影響を与える、という黒人の心理学者ケネス・クラークの研究成果に依拠し、プレッシー対ファーガソン判決を否定した。この判決は、公民権運動にとって大きな前進と見なされた。しかし、人種差別の解消は進まず、一九五七年にアーカンソー州で起こったリトルロック高校事件（当時のアーカンソー州知事が黒人の入学を認めず、アイゼンハワー大統領が黒人生徒の護衛のため陸軍師団を派遣するに至った事件）のような深刻な事態も発生した。

そうした時代背景のもとで、一九六四年に公民権法は制定された。この公民権法では、人種、宗教、民族の違いにより、平等な教育機会が阻害されていないかを調査することが定められた。これが、コールマン・レポートのもととなった調査である。全国調査を行う背景には、遅々として進まない教育現場における人種差別解消の動きを、科学的に正当化し、差別解消に積極的ではない人々に一撃を加える意図もあった。

調査の枠組み

調査を行ったのは、アメリカ合衆国教育局の教育統計センターである。ただし、合衆国全体を網羅するような規模の調査は、まだ当時のアメリカでは一般的ではなかった。調査の実施自体はこの教育統計センターが担当したが、コールマンは調査の設計、管理、分析のチーフとして大きな役割を果たした。だから一九六六年に刊行された報告書は、コールマン・レポートとよばれたのである。

調査は一九六五年九月から一〇月に実施された。四〇〇〇の公立学校の教師・校長、その対象校のある校区の査察官、対象校すべての小学校三年生・六年生・中学校三年生・高校三年生の児童・生徒と、半数の小学校一年生の児童が調査対象者であり、対象となった子どもの数は六四万五〇〇〇人にも上った。しかし実際に調査に応じた学校は、対象校の七割程度である。

回答はもちろん無記名で行われ、学校そのものや地域の環境、教師のキャリア（学歴）や教師のもつ教育哲学、児童生徒の社会経済的背景（親の最終学歴や家庭の経済状況など）、生活習慣、児童生徒の将来の進路希望（進学意欲）、学校での生活態度など、さまざまな質問への回答と、児童生徒の成績の情報が含まれている。

社会科学の研究史において、五〇年という時間は長い。特に調査分析の方法論は、この間大きく進歩した。今ならパソコンに汎用《はんよう》ソフトをインストールして、かなり複雑な統計的分析を行うことが可能だ。だが、当時はもちろん不可能である。

したがって、現在の分析水準から、コールマン・レポートの問題点をあげつらっても、大した意味はない。確かにコールマン・レポートへの批判は多数あったが、それらはかなり改良されてきた。したがって我々は、現在の学術的な水準から分析手法の間違いや欠点を見つけるのに終始せず、むしろこうした試みが早くからなされ、それがいかにしてアメリカ社会に受容され、引き継がれてきたのかに目を向けるべきであろう。

コールマン・レポートの予想外の結果

調査を行う前の社会状況から、黒人の多く通う学校（黒人居住地域の学校）は、白人の多く通う学校（白人居住地域の学校）と比べて、学習環境が劣悪だと予想された。学業成績の差が顕著なのも、黒人の多い学校で提供される教育の質が低いからだと考えられた。

つまり、示したかった仮説は、学校の教育環境と学力には関連がある、ということだ。具体的には、所与の学校教育の条件によって、成績の良し悪しが決まる、つまり黒人の多い地区の学校は環境が悪く、それが低学力に結びつく、ということだった。こうした仮説が成立するのは、先ほども述べたが、公立学校財政が固定資産税に依存しているため、地域住民の経済状態が学校経営に直接影響するだろうと考えられたからである。

ところが、結果は予想を覆すものだった。報告書の結論は、学校の教育条件、学習環境は、子どもの成績差をほとんど説明しない（子どもの成績と学校の学習環境の間には明確な関連はない、あったとしてもごく僅か）というものだった。成績の差は、むしろ人種や家庭環境、地域環境のような学校外の要因と強く結びついていた。要するに、学校に入る前から存在していた不平等は、学校を経由してもほとんど縮小せず、結局社会の不平等をそのまま維持していたとする結果だったのだ。

コールマン・レポートのインパクト——強制バス通学の実施

コールマン・レポートに対する反応はさまざまであった。学業成績の差は、学校予算の規模や学校の学習環境の違いよりも、はるかに家庭の社会経済的格差による要因で説明できるのだ。つまり、学校が格差の縮小に果たす役割は、期待するほど大きくないというのだ。

しかし、そうした一連の結果の中には、「白人のいる学校に通う黒人の成績は高い」というものがあった。ただし、白人と黒人の混合学校で成果が上がっているというより、そもそも成績のよい黒人が白人の多い学校に通っているだけである可能性も否定できなかった。

ところが、この結果から、特に平等を推進する人々の間で、学校の人種融合政策が支持されるようになった。白人主体の学校に（別の地域に住む一定割合の黒人を）バスで通わせ、逆に黒人主体の学校に（別の地域に住む一定割合の白人を）バスで通わせる強制バス通学という政策により、人種間の格差が縮小すると考えられたのだ。

この政策は、大きな議論をよんだ。これは大都市の公立学校で実行されたが、これを嫌う白人が都市部から郊外へ移住し、貧しい黒人ばかりが残るというホワイト・フライト現象を促進したと言われる。もっとも、ホワイト・フライトの原因を、強制バス通学のみに求めるのはやや強引だ。移住した白人が皆、学齢期の子どもを抱えていたわけでもない。ただ強制バス通学が、目的とする人種間の融合を促したかといえば、それも評価が難しかった。

コールマンは、データ分析に基づき、強制バス通学を強く批判した。しかし、当時のアメリカ社会学会会長のアルフレッド・リーは、コールマンを人種融合政策に反対するレイシストだと見なし、譴責《けんせき》処分にしようとした。これはもちろん誤解である。リーの主張は受け入れられなかったが、コールマンはその後しばらくアメリカ社会学会への参加を見送った。

その後一九九一年に、今度はコールマンがアメリカ社会学会の会長に選出された。これこそが、アメリカ社会学のデータ分析に対するその後（から現在に至るまで）のスタンスを示している。主張ありきで都合のよいデータのみに言及するとか、主張に合わせてデータを好都合に解釈するのではなく、あくまでデータに忠実な形で、分析や解釈を行ってきた姿勢が評価されたのだろう。

コールマン・レポートは何が問題だったのか

以上がコールマン・レポートの歴史的経緯であるが、専門の立場からは、データ収集や分析について、主に三つの批判が存在する。

一つ目は、調査で収集された学校情報の批判である。集められた変数は、学校設備、学校で提供されるサービス、カリキュラム、生徒一人あたりの教員数、生徒の人種構成など、数量的な指標化の容易な外的環境に関するもので占められていた。しかし生徒のパフォーマンスに影響しそうなのは、教員の質(教授法などを含む)ではないだろうか。コールマン・レポートは、こうした変数の考察に欠けていた。

二つ目の批判は、データが学校ごとに収集されているのに、分析ではそのことが考慮されていない点にある。成績や、社会的背景に関する情報には、当然回答者の間の個人差、ばらつきがある。統計的には、サンプルの個人がランダムにばらついていると仮定している。

しかし学校単位でデータを収集しているならば、ランダム性の仮定が怪しくなる。同じ学校に所属している集団であれば、その中にいる個人は学校から同様の影響を受けていると考えられる。つまり同じ学校にいるサンプルは比較的近い値をとり、学校の存在と無関係にば

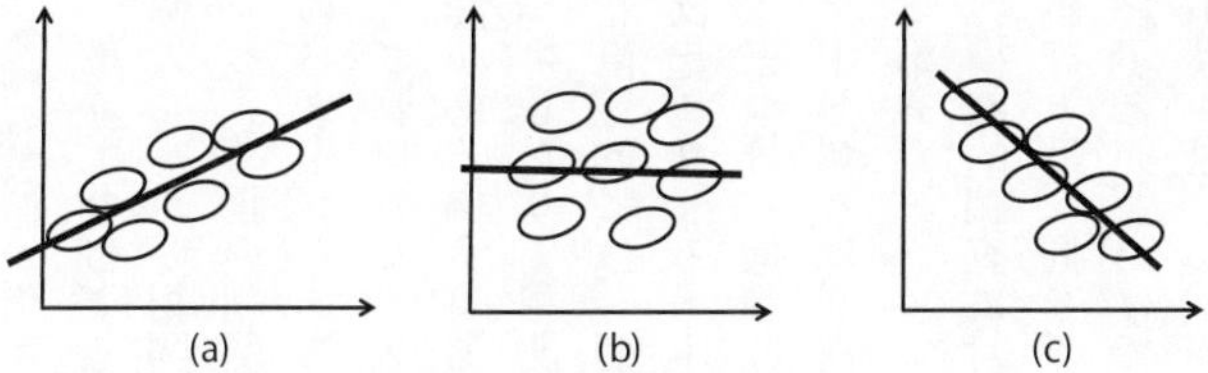

図3-1　個人レベルの相関と集団レベルの相関

らついているという仮定に無理がある。極端な場合、同じ学校にいる生徒は皆、同じ値をとるかもしれない。そうすると、分析対象のサンプルは個人というより、抽出した学校を意味する。これを考慮せず、統計的な検定にかけると、結論が変わりかねない。

さらに成績のばらつきは、個人レベルの要因と、学校環境に起因する要因とに区分できるはずだ。変数間の関連をみるときに、個人と集団という水準の違いを考慮しないと、致命的な誤りを犯すこともある。たとえば個人レベルでは、学力が高いと上級学校に進学する傾向が高いのは自明だろう。しかしそのことは、ある種の集団（自治体や学校）の平均学力が高ければ、その集団の進学率が高くなることを常に意味するわけではない。

学力テストの平均点が高い県の大学進学率がそれほど高くないことがあるが、これは別に不思議でも何でもない。図3-1は個人レベルの相関と、集団レベルの相関が必ずしも一致しないことを示したものである。楕円《だえん》は、クラス、学校、自治体などの各集団における相関関係を示している。どれも若干右上がりの楕円であり、要するに個別の集団内部に着目すると、この場合は横軸と縦軸の間に正の相関がある

（横軸の数値が増えれば、縦軸の数値が増える傾向がある）ことがわかる。

しかし集団ごとに平均をとり、集団レベルで相関を求めると、三つのパターンが生じうる。個人レベルの相関と集団レベルの相関が一致しているのは左の(a)のケースだけである。個人レベルで正の相関があっても、集団レベルでは相関がない(b)とか、逆に負の相関が生じる(c)のパターンもある。

これ以外に、各集団で個人レベルの相関をみたときに相関がなくても、集団レベルでは相関がある場合もある。個人レベルで負の相関があるときも同様に、集団レベルでは正の相関が生じたり、相関がなかったりすることもある。

直感的には、個人レベルと集団レベルでの相関は一致していると考えられがちだが、それは起こりうるケースの一部に過ぎない。こういった齟齬を、生態学的誤謬《ごびゅう》という。

三つ目の批判は、データが横断的調査という点である。日本で実施されている多くのアンケート調査は、横断的調査である。一度だけアンケート調査を行い、そのデータで分析をする形式だ。

横断的調査に対し、対照的なのが縦断的調査である。パネル調査、とも言われる。パネル調査とは、同じ対象者を、複数回追跡調査するものである。つまり一度のアンケートのみで終了というわけではなく、ある人に調査をした後、しばらくして再度調査を行うことを何度か繰り返して、個人の変化をみようとする調査である。

教育は、時間のかかる営みである。つまり教育的処置を施して、その効果が現れるまでには時間がかかるのだ。学校間で生徒の平均学力差が生じたとき、横断的調査ではその原因が何なのかは究明できない。学校調査で平均点の差が出ると、学校教育の質や教師の指導力のせいにしたがる人が出現する。しかしその根拠が横断的調査のデータだとすれば、証拠不十分である。

学校の教育効果をどうみるか

ダグラス・ダウニーとデニス・コンドロンは、コールマン・レポートの結論が、「学校は学力形成に何の影響力ももっていない」と誤解され、人口に膾炙してしまったと述べる。コールマン・レポートは、生徒の学力の社会格差縮小に関して、学校の役割は限定されているといっているに過ぎない。さらに、先述した方法論の問題と合わせて考えると、学校の影響をみるうえで考えなければいけない点は次の三点である。

まず生徒の学力形成には、学校だけが影響をもっているわけではない。家庭や地域社会、塾などの学校外教育を受けていればそうした学校外教育の影響など、外的要因を考慮し、それと学校の影響を区別して考える必要がある。

次に測定上の問題がある。学校が学力を伸ばすポジティブ（正）な影響を、家庭環境がネガティブ（負）な影響をもっているとする（この関係は逆でも構わない）。しかし数値上実際に測定されるのは、両者の関係を相殺したものだ。したがって一見影響力がゼロという結果が出ても、それは正負が相殺し合って数値にほとんど現れないだけかもしれない。理屈上、そのことがわかっていたとしても、現実にどの程度の正の影響があって、どの程度の負の影響があるのかを区別し、測定するのは困難だ。

最後に、学校が学力を伸ばせるかについて、芳しくない影響力しかもたなかったとする。だからといって直ちに、学校が無駄で無益だとする結論にはならない。学校が存在しなかったら、観察される学力はもっと悪化していたかもしれない。つまり学校の存在によって、(学力はさほど伸びなかったかもしれないが)悪化していたかもしれない学力低下(学力形成に対する負の影響)を、現状の程度に抑えてくれたのかもしれない。

ここでは、「もし学校がなかったらどうなっていたか」という反実仮想の視点が必要になる。効果があがっていないようにみえる場合も、「どういう状態に対して」効果があがっていないと見なしているのか、その比較対象を設定しなければならない。これを曖昧にしたまま、大層な目標だけを掲げて、それに達していないから「効果がない」と結論し、その施策やプログラムをやめたことで、事態がさらに悪化する、というようなことは、いかにもありそうな話である。

3　教育効果の測定

真の因果効果とは——反実仮想の発想

ある処置が、対象に実質的な影響を与えて変化を引き起こしたのか否か、という因果関係を証明するには、どうしたらいいのだろう。これは社会科学におけるもっとも重大な関心事の一つである。

私たちは、目の前で時系列に発生した出来事をつなぎ合わせて、時間的に先行する事象が、何らかの一定の影響を及ぼして後の出来事を引き起こしたと解釈しがちだ。それは必ずしも間違いとはいえないが、ここでいう因果関係の存在は、処置そのものが対象に真の影響を与えたか否かで判断される。換言すれば、処置が真の原因でないならば、対象に変化が起こるか否かは処置の有無と関係をもたない。つまり処置がなくても、同様の変化が起きた可能性がある。あるいは、今回は処置の後にたまたま変化が起きたかもしれないが、次に同じ処置をしても、今度は何も変化が起きない可能性もある。

たとえば、テストの前に一時間教科書を通読したとする。その後テストを行い、よい点をとった。すると教科書を通読したから、テストの成績がよかった、と考えがちだが、社会科学的にはその推測は不十分だ。もしこの推測を認めてしまうなら、仮に教科書を通読した後に、点数が悪かった場合（こうなることは十分ありうる）、その人は教科書を通読したから点数が下がった、と推測するのと変わらない。ただ、この推測に違和感がある人は多いだろう。大体、教科書の通読と、テストの点には何の関係もなかった可能性すらあるのだ。

教科書の通読によるテストへの実質的な影響は、教科書を通読しなかった場合と比較しなければわからない。しかし教育現場では、厳密な比較を行わず、何らかの教育方略や学習行動を実施したから、効果があったとする言説で満ち溢《あふ》れている。新しい教育方法を試してみたら、生徒の点数が上がった、といって大喜びすることはありそうな話だが、本当にその方法が真の因果効果をもつのであれば、その方法を用いない場合と比較して、点数の伸び幅が大きくなければならない。その方法を使わなくても、点数が伸びていた可能性もあるからだ。

効果の有無を厳密に測定するとはどういうことか。わかりやすさのため、薬の効果の有無を例に考えてみよう。

病気、投薬・服薬、快癒という事象が順番に観察されたとする。これだけみると、投薬・服薬によって病気が治った、と解釈したくなる。もちろんその可能性はあるが、これだけでは薬に効果があると断定できない。自然治癒力により回復傾向にあり、投薬がなくても同じような形で病気が治った可能性もあるからだ。

つまり厳密には、投薬・服薬の有無の双方のケースを想定し、両者を観察して、その結果投薬した方のみの回復が早かった、治癒した、という結果が出なければならない。また比較の際には、投薬の有無以外の条件を完全に同じにしなければならない。そうしないと、投薬以外の別の条件が影響して、変化を生じさせたという疑念を生じさせるからだ。

厳密な実験であれば、ここで投薬を行う実験群（処置群）と、何もしない（もしくは偽薬を渡す）対照群（統制群）の二つのグループを準備する。そして二つの群には、偏りがないようサンプルを全くランダムに振り分ける。経過観察をして、実験群に平均的に改善がみられれば、この薬は効果があるといえる。このような実験が、一一二ページでも触れたランダム化比較実験（RCT）である。

ただ社会科学では、厳密に実験群と対照群を準備して実験することは、コストや手間、場合によっては倫理上の問題もあり、あまりない。そこで、一種の思考実験を行うことになる。ある処置の因果効果を推定する際に、「（実際はその処置が講じられているが）もしその処置がなかったとしたら」とか、あるいは「（実際はそうした処置はとられていないが）その処置が講じられたとしたら」という反実仮想的（反事実的、仮定法的ともいわれる。英語ではcounterfactualという言葉が使われる）発想で推論を行うのである。

この発想はめずらしいものではない。たとえば、高校入試を目前にした中学生やその保護者の立場に立ってみよう。もし大学進学を希望しているのであれば、どの高校に行くかが問題となる。選択肢が複数あれば、それぞれの学校に進学した場合を想像するだろう。その結果、どの高校が自分にとってベストなのかを考えるはずだ。つまり、自分の選択した高校に進学したことが、大学進学に対してベストな結果を生むことになるのか、あるいはよい成績をとることにつながるのかを、他校に進学した場合と比較して推測するだろう。

では、この決断は正しかったのかを検証するにはどうしたらいいのだろう。しかし、厳密な意味での検証は不可能である。なぜなら、一人の人間が下した決断の結果は、いずれか一つのパターンでしかありえないからである。だから二つ（以上）のパターンを比較しようとしても、自分が選択していないパターンは存在しない（起こっていない）ので、観察不可能だ。ポール・ホランドは、これを「因果推論の根本問題」と述べた。

実験的計画

学校での教育において、もちろんその内容のすべてではないにしても、生徒は何かを吸収しているだろう。だから授業を受けている前提に立てば、学校教育が絶対的な学力を低下させると仮定するには無理があり、少しずつ学力が上昇していると考えられよう。

また、もし塾の学習効果を検討するのであれば、単に塾に行っている子どもと、行っていない子どもの学力を比較すれば済む話ではない。比較すべきは、特定時点の点数の差ではなくて、塾に行っていない子どもの学力の伸びと、塾に行った子どもの学力の伸びの違いであって、後者の伸び幅が大きいことを示さなければいけないのだ。

しかし、ここでもまだ考えるべきことがある。塾に行くか否かは、理科の実験のようにランダムに振り分けられているわけではない。一般的には、塾に行きたがる子どもは、もともと受験に関心が強いとか、勉強にやる気があるとか、あるいは保護者が教育熱心などという傾向をもっている。仮に通塾している子の成績の伸び幅が大きかったとしても、それは塾そのものの影響ではなくて、もともと子どもがもっているそうした傾向が成績に影響を与えている可能性がある。つまり受験に関心があるとか、やる気があるとか、親が熱心であれば、塾に行こうが行かなかろうが、成績の伸び幅が大きくなる可能性があるということだ。このような個人のもつ傾向は、その存在は否定できないものの、たとえば数量化するなどの明確な形で測定できないし、把握しにくい。これを「観察できない異質性」とよぶ。

私たちが認知する「効果」には、処置そのものではなくて、観察できない異質性の影響だと考えられるものが多い。教育の効果には、観察できない異質性の影響と区別しにくいものも多く、検証には注意が必要である。そして厳密な検証を行うならば、反実仮想的発想に立って考えなければならない。

ところが、因果推論の根本問題が述べるように、同一人物の、全く異なるケースの経過観察は不可能なのだ。そこで次善策として、理科の実験同様に、性質の全く同じ二つのグループ、つまり実験群と対照群を準備する。ＲＣＴと同じ手続きだ。同じ性質のグループを形成するためには、個々のサンプルは統計的に無作為に振り分けられる。無作為とは、どのサンプルも一切の偏りがなく、等確率で選ばれる可能性があるという意味だ。したがって実験群と対照群の間で異なっているのは、実験的処置の有無だけである。

もっともこれは群（グループ）間の比較なので、厳密な意味で同一個人の異なる場合についての比較とはなっていない。個別にみれば、塾に明らかに効果がある子もいれば、そうでない子もいるだろう。だから、特定の人物を思い浮かべて、その人について反実仮想的な発想を適用しているわけではない。したがってグループ間での比較は、あくまで平均の差であって、個々のケースがどうなるかを予測するものではないことに注意してほしい。

グループ間の平均の差を比較するわけだが、その差が偶然生じる程度のものなのか、それとも偶然とは言い難い差なのかを判定しなければならない。ここで行われるのが、統計的検定である。偶然とは言い難い差の場合は、統計的に有意な差がある、という。

この判定の手続きは、統計学のテキストに必ず書かれているので省略する。ただ有意になるか否かは、グループのサンプルの大きさにも依存する。サンプルが小さければ、測定の誤差は大きくなる。これについては、次のような例がわかりやすいだろう。

仮に、ある自治体の学校の生徒全員のテストの平均点が七〇点だとしよう。実際の調査は、コストの問題などから、全員にではなく、統計的に無作為に抽出した生徒のみに行う。無作為抽出した生徒をもとに平均点を求めたとき、真の母集団の平均点七〇点に近ければ、精度の高い推定ができたと判断できる。

ここで抽出生徒数を、一〇人と一〇〇〇人という二つの場合を想像する。もちろんランダムに抽出すれば、母集団の分布を反映したサンプルが抽出されることが期待される。しかしサンプルが一〇人と少なければ、たまたま抽出された極端なケースが平均の推定に強く影響する。一方、抽出するサンプルが一〇〇〇人と大きければ、もちろん何人か極端なケースも抽出されるだろうが、その分、母集団に近い平均的なケースも多く抽出されるので、平均値の推定に極端なケースが与える影響は最小限に抑えられるはずだ。

つまり統計的には、抽出するサンプルの数が増えれば増えるほど、サンプルの分布は母集団に近づく。逆に、サンプルが少なければ、たまたま抽出されたケースに推定平均値の値が左右されるので、それだけ推定値の誤差が大きくなる。したがってケースが少ないと、きちんとした有意な差が見出せない可能性がある。

一方で、サンプルサイズが大きくなれば、推定精度は上がるのだが、その分それほど大きな差ではなくても、有意な差だと判定しがちになる。したがって統計的検定を行う際には、単に統計的に有意か否かだけではなくて、実際の平均値の差が社会的に意味のある差なのかを考えて、総合的に判断しなければならない。

傾向スコアを用いた分析

以上のような実験的枠組みを利用した分析方法の中で、注目を集めているのは傾向スコアを用いた分析である。社会を対象に実験的な手法を用いるのは難しいので、質問紙調査のように多数のケースを集めたデータに、事後的に実験的枠組みを適用するのだ。専門的な議論は、星野崇宏《ほしのたかひろ》による優れた解説書がある。本書ではそのエッセンスを紹介する。

通塾の例に当てはめれば、塾に行くか否かはランダムに決まらないので、単純に通塾群と非通塾群の成績の伸びを比較しても意味がないことはすでに述べた。そこで理屈のうえでは、社会的属性、成績、社会意識などのさまざまな変数が、通塾の有無以外の点で完全に一致するサンプルを見つけ、それでペアを組み、両者の差を比較する方法をとれば、通塾の有無そのものの影響を比較しているように見えるはずだ。

ところが、いくらサンプルをたくさん集めても、性、居住地域、親の階層など無数に想定される変数が完全に一致するような人を、通塾群と非通塾群それぞれから選び出すのはほとんど不可能だ。そこで統計学者のポール・ローゼンバウムと、ドナルド・ルービンが画期的なアイディアを提示した。

質問紙調査には、性や階層などの変数を含む多くの情報が含まれている。その調査データの情報を用いれば、各サンプルについて、理論上の「通塾確率」が求められる。つまり性、居住地域、親の階層などの情報を利用して、データから各サンプルについての「この人が塾に行くであろう理論的確率」を計算できる。これが傾向スコアとよばれるものだ。

ある処置に対する傾向スコアは、各サンプルにつき一つしかない。ローゼンバウムとルービンによれば、無数の変数を考慮して、その情報が完全に一致するサンプルを探し当てなくとも、通塾群と非通塾群から同じ傾向スコアの人を探し当てて成績を比較すれば、通塾の有無以外全く同じ性質をもつ人の間で成績を比較するのと同じことを意味するという。つまり傾向スコア三〇パーセントであれば、通塾群と非通塾群から傾向スコア三〇パーセントの人を探してマッチングし、両者を比較すれば、反実仮想的発想に基づく比較が可能になる。

傾向スコアを用いた分析の限界

おおむね予測はつくと思うが、この分析の成否は、傾向スコアの推定に依存する。傾向スコアの計算には、通常ロジスティック回帰分析という方法が用いられる。簡単に言えば、調査データをもとに、処置の有無（この例の場合は通塾の有無）をもっともよく予測する推定式を立てるのが、ロジスティック回帰分析である。そのロジスティック回帰分析には、質問紙調査に含まれていた、性、居住地域、親の階層などの変数が加えられているのが普通だ。要するに、それらの変数は、通塾の有無を予測するのに有効と考えられている。

しかし質問紙調査は、あらゆる情報を網羅するわけではない。そして傾向スコアの計算は、ロジスティック回帰分析に含まれた変数のみに基づいて行われる。裏を返せば、ロジスティック回帰分析に含まれない変数で、もし通塾の有無に影響のある変数が残っていれば、通塾の影響にその変数の影響が加味され、正確な通塾の因果効果が抽出できない。

つまり、処置群と対照群の割り当ては、傾向スコア推定のもととなるロジスティック回帰分析に含まれる独立変数群「のみ」で行われていると仮定できれば、この分析は成功する。この前提条件を、「強く無視できる割り当て条件」という。この仮定が成立することで、理屈上、傾向スコアを考慮することで純粋な影響を取り出せることになる。しかし現実に照らして、これはかなり強い仮定である。したがって傾向スコアを用いた分析では、この「強く無視できる割り当て条件」に近い条件にあるかを評価しなければならない。

もう一つ重要なのが、SUTVA（Stable Unit Treatment Value Assumption）とよばれる条件である。これはある処置があったとき、その処置の影響は処置を受けた本人のみに及び、他者へ影響は及ばないという仮定である。少しわかりにくいかもしれないので、具体例を示そう。

ある語学研修プログラムを受けることにより、英語のコミュニケーション能力を示すTOEICのスコアが伸びるかを検証したいとする。TOEICでは、統計的な処理により、本人の英語コミュニケーション能力の程度が数値として表される。つまりTOEICのスコアが上がれば実力がついた、下がれば実力が低下した、と解釈できる。ここでのスコアはあくまで、本人の実力の測定であって、他人の点数がどうなろうが（他人が実力をつけようが）、自分のスコアには何の影響もない。これがSUTVAの満たされる例である。

しかし社会科学の、特に政策研究で、SUTVAを満たすことは多くない。このことは、おそらく教育社会学的研究で最初に傾向スコアを使って体系的な分析を行ったスティーヴン・モーガンも指摘している。

たとえば、私立学校が成績を上昇させるとか、大学卒業者が所得を上昇させるといった実質的な効果を見出したとする。しかしそれは、あくまで観察データからそう計算できただけだ。換言すれば、それは私立学校進学者や大学卒業者が社会的にある程度限られた割合しかいないという条件で見出せた結果である。つまりこの結果をもって、私立学校の生徒割合や大学進学率を上昇させれば、同様の効果を期待できるだろうか。極端にいえば、学校をすべて私立にして、大学進学率を一〇〇パーセントとすることが、同様の効果を生むといえるだろうか。

私立学校は学校全体の一部でしかなく、それゆえある程度選ばれた人のみが通っている。仮に現在の観察データから私立学校に成績を上昇させる効果が見出せても、全部の学校を私立学校にすれば、全体の成績水準がアップすると考えるのは無理がある。大学と所得の関係も同じで、現在は大学が所得を上昇させる効果があったとしても、大学進学率がどんどん上昇すれば、大卒者の稀少《きしょう》価値がなくなってその効果が薄れる事態も考えられるのだ。これがＳＵＴＶＡの仮定の満たされない例である。

回帰不連続デザイン

厳密に計画、管理された状態のもと、現実社会で実際に関心のある施策を実行して効果を検証するのが社会実験である。しかし、RCTのところで触れたように、社会実験は手間やコストが大きく、対象が人間社会だけに、倫理的な問題や反発が発生することもある。

それに対して、現実に起きた事案やサンプルを、事後的にRCTの枠組みに当てはめて、政策評価を行うのが自然実験である。自然実験では、研究者が社会やそこに生きる人々を実際に操作することはない。現実社会にある条件や制度をうまく活用して、実験を行ったように解釈するのである。先ほどの傾向スコアを用いた分析がその一例だが、別の有名な例として、回帰不連続デザイン（回帰分断デザイン）を紹介しよう。

誕生月による、学業成績への影響を耳にした人は多いだろう。四月生まれと、いわゆる「早生まれ」では、一年近い成育歴の差があるため、特に低学年時では相対的に未発達な「早生まれ」が学校での学習に不利ではないか、という説である。

ちなみに日本の学年を定める規定は、学校教育法第一七条一項「保護者は、子の満六歳に達した日の翌日以後における最初の学年の初めから、満十二歳に達した日の属する学年の終わりまで、これを小学校、義務教育学校の前期課程又は特別支援学校の小学部に就学させる義務を負う」が根拠となる。また学校教育法施行規則第五九条に、小学校の学年に関する規定があり、そこで四月一日に始まり三月三一日で終わることが定められている。

年齢に関する考え方は、民法第一四三条に示されており、それによれば誕生日の前日終了時に（つまり日の変わり目に）年齢が増えるとされている。この考え方に沿うと、四月一日生まれの場合、前日の三月三一日午後一二時に満六歳となり、その四月一日に始まる学年から小学校に通学する。しかし四月二日生まれの場合、すでにその年の学年が始まってしまっているので、次の年の四月一日に始まる学年に所属することになる。要するに、一学年は四月二日生まれから翌年の四月一日生まれで構成されているわけだ。

このような学年の切れ目は、人為的に設定されたものだ。しかしそうした制度のせいで、生まれが四月一日か、二日かで、所属する学年が異なってしまう。この振り分けは生まれたタイミングに基づくもので、性別や出身階層、あるいは潜在的にもっている子どもの能力差などが系統的に関連しているとは考えにくい。つまり振り分けは、偶然（ランダムに）生じた、と解釈できる。しかし特に幼少時の発達の差は大きいため、四月一日生まれは前年の四月二日生まれと、約一年分幼い状態で同じ要求水準の教育レベルを課されることになる。こうした初期段階の不利な扱いが、後々影響を与え続けて、成績や取得する学歴に影響を与えるのではないか、という仮説が成立する。

社会学者ファブリツィオ・ベルナルディは、フランスのデータを用い、小学校における学年進級率を、学年の変わり目（フランスは一月である）の前後二か月生まれの生徒間で比較した。その結果、一一・一二月（つまり学年の変わり目の直前）生まれに対して、一・二月（学年の変わり目の直後）生まれの方が、進級成功率が高いことを示した。そのうえ、成功率には出身階層（この論文では保護者の学歴）が影響しているという。それによれば、保護者が高学歴であれば、生まれ月による成功率に大きな違いはないが、保護者が高学歴でない場合には、生まれ月により、進級への成功率が大きく変わってしまう。

おそらく保護者の階層が高ければ、家庭でのさまざまなサポートや私的教育プログラムにより、生まれ月による不利の穴埋めが可能なのだろう。しかし保護者の階層が低いと、そのような埋め合わせができないため、生まれ月の不利さが長期的に残ってしまうのだと思われる。

日本の教育研究は、英米に比して信頼に足るデータが不足しているせいもあるが、こうした実験的枠組みを用いるという発想に乏しい。どうも「実験」という言葉に惑わされ、子どもを対象に、あたかも動物に行うかのような実験を行っているのではないか、と誤解して、感情的に反発する人がいるようだ。

しかし自然実験は、現実に起こったことを、自然科学で行われている実験の枠組みに当てはめて解釈しているに過ぎない。言葉の表面上の印象にとらわれて、科学的な発想を阻害することがあってはならない。

学級規模と学業成績の関係

しかし日本でも、回帰不連続デザインの枠組みを用いた研究が皆無ではない。

教育の世界では、学級規模が小さくなれば、教師一人から目に届く児童生徒の数が少なくなって、きめ細やかな指導が可能になるから、学力向上に寄与するという説がしばしば唱えられる。つまり、少人数学級制度は学力向上に効果的とする説だが、これを回帰不連続デザインで検討したものに、赤林英夫・中村亮介《なかむらりょうすけ》（二〇一一）がある。

この説は正しそうに聞こえるが、よくわからない点もある。学級規模だけに着目すると、過疎地域の学校は極端に児童生徒数が少なくなることは稀ではないし、最近では都心部でも、ドーナツ化現象や少子化の影響もあって、十分な子どもがおらず、極端に児童生徒数が少なくなることもある。そういう学校や学級の子どもの成績が、常に高いといえるのだろうか。

これまで少人数学級制度によって効果があったとされる事例研究は、適切な比較対照群を設定していないものがほとんどだった。したがって、真に学級人数を減らしたことによる効果なのかは判断しようがない。少人数学級制度という制度の効果をみたいのであれば、少人数学級制度の有無以外には、同質性が保障されたサンプルで比較する必要がある。

赤林らは、日本の学級編制が定員を四〇人と定め、それを超えると学級が分割される制度であることに着目する。つまり学級の人数が四〇人までは一つの学級だが、四一人になった途端、その学級は分割され二学級となる。その際、一クラスあたりの平均人数は二〇・五人と半減する。この変化はその学区の児童生徒数の変動によって起こるに過ぎず、何らかの政策的意図や、教師・児童生徒による人為的意図によって起こるとは考えにくい。

この研究が優れているのは、情報公開請求により、通常入手が難しい児童生徒の学力テストの（学校単位の）点数を入手できたことだ。そして、学校ごとの成績の変化が追跡できるパネルデータを構築している。一学級四〇人というクラス編制のルールをもとに、各学校の児童生徒数からありうる学級数を割り出す。すると、四〇人、八〇人、一二〇人……というように、四〇の倍数を超えると、学級数の分割が行われて学級規模は縮小する。

もし少人数学級の成績が伸びるのであれば、四〇の倍数に近づくにつれて、生徒の学力水準は徐々に低下し、四〇の倍数を超えたところで（学級が分割されてクラスの規模が小さくなるので）児童生徒の成績は再び上昇するはずだ。

学級編制は近年弾力的に運用されており、研究対象になった横浜市では、研究指定校制度により少人数学級制度を導入している例があった。しかし、このような例は偶然の要因ではなく、意図的に少人数学級制度を導入している可能性がある。だとすると、少人数学級制度を導入している学校や学級の性質に、何らかのバイアスが存在するかもしれない。その点は、赤林らの研究において、慎重に考慮されている。

その結果、学級規模縮小の効果は、小学校六年生と中学校三年生では小学生のみに、また教科でみると、数学ではなく国語のみで表れた。このことは、より低学年で、少人数学級制度の効果がある可能性を示唆する。また算数や数学は苦手な子どもが多く、もともとティーム・ティーチングなどが導入されている可能性があった。ティーム・ティーチングでは、一つの学級で複数の教師が教えるため、学級規模そのものの影響が結果に表れなかったのかもしれない。

少人数学級制度や学級規模の縮小は、教師が充足されて成立するものだ。しかし、教師を取り巻く雇用環境の悪化や、もともと人数の多い比較的高齢層の教師が大量定年を迎え、教師は不足気味である。このような状態で教師を無理に増やそうとすると、教員採用試験の合格水準の低下も考えられる。この場合、指導力不足の教師が増える可能性はあるが、それでも同様の効果が期待できるのか、という新たな問題を考える必要がある。

さらに少人数学級制度の効果が科学的に証明されたとしても、結局のところ、その制度を維持するには教師を雇用する人件費がかかる。人件費は公的な負担、つまり社会的コストである。児童生徒の学力向上をベネフィットと見なし、それに対して支払うコストが妥当かどうかは、科学が導く答えというより、社会が下す判断である。

回帰不連続デザインの限界

回帰不連続デザインを適用できそうな場面は、他にも存在する。日本の初等・中等教育政策には、地方に一定の裁量が認められている。地域性が似通っていながら（隣り合っているような自治体で）たまたま人為的に引かれた境界により、一方の自治体で実施されている施策が、もう一方では実施されないというようなことは、しばしばある。そのとき、それぞれの自治体からランダムに対象者を抽出し、その影響を観察する、という研究は可能であろう。

ただし回帰不連続デザインの成立には、次のような仮定が必要である。比較するグループの境界で、サンプルに系統的な違いが一切存在しないということだ。つまり隣接自治体で、ある政策の採用の有無のインパクトをみるのであれば、政策の採用の有無以外に、サンプルには違いがあってはならない。

日本で自治体間の違いが大きいものに、高校入試制度がある。最近はあまり話題にならなくなったが、高度成長期、高校進学率が拡大基調だった時代、高校間の学力格差が問題化した。誰もが高校に行きやすくなった一方で、今度は大学進学に有利とされる上位ランクの「進学校」への熾烈《しれつ》な競争が始まったのだ。

過度な競争は、中学校の受験準備偏重教育を生み、受験の負担や、競争からの脱落は、非行や精神的問題を抱える生徒を生むといわれてきた。そこで、高校間格差を解消する方策が考えられ、各地で実行されていった。

有名なものとしては、現在ほとんど廃止された総合選抜制度がある。これは地域により、いくつかバリエーションがある。たとえば、東京都の実施していた学校群制度は、複数の都立高校でグループを形成し、受験生はその群を受験する。合格した場合は、成績が平準になるように、群内のどこかの高校に生徒は振り分けられる。また京都市や京都府の一部地域で実施されていた総合選抜制は徹底されており、進学先の高校は原則居住地域の小学区制（一学区に一高校のみが存在）で、高校間の学力差が生じないよう調整されていた。

このように、総合選抜制は、学校間格差の是正を第一の目的としていた。また、当時の議論には、学校間格差を放置して、一部の超エリート進学校をつくる（その場合、成績の振るわない高校も存在することになる）よりは、高校間の成績の格差をなくして平準化した方が、地域全体の学力水準も上がるはずだ、という教育上の効果を期待する声もあった。

後者について、岩木秀夫《いわきひでお》は入手可能なデータにより検証を試みた。客観的かつ比較可能な生徒の成績水準に関する情報は入手できないので、高校の教育効果の指標としては大学進学率が用いられた。一見、総合選抜制度により、学力水準の高校間の平準化と、全体の大学進学率の上昇には相関があり、格差の解消と進学率の上昇という二つのメリットが同時にもたらされたかのようにみえる。

しかし中身を精査すると、総合選抜制が広まった時期は、大学進学率がもともと上昇基調にあった。したがって、総合選抜制度によって進学率が上昇したとは言い難い。一方で、こうした格差解消策は競争をなくし、生徒のやる気を削《そ》いで、全体の学力水準の低下をもたらすとの批判を耳にするが、そうした批判を支持できる証拠も見出せなかった。総合選抜制度の導入と生徒の学力水準の変化には、特に関連はない、というのが岩木の結論である。

高校入試制度の改変のもたらす影響を検証するのは、想像以上に難しい。岩木の論文は、個人レベルのデータを分析したのではなく、都道府県レベルの集計データに基づいている。これは入手しうるデータに限界があったからであり、その点は慎重に考慮されている。では、もし個人レベルのデータが入手でき、総合選抜制度の実施の有無だけが異なる近隣自治体間で、生徒の学力水準（進学率）に違いが生じるかを検証するとき、何に気をつける必要があるだろうか。

回帰不連続デザインに基づけば、比較する自治体間には、関心のある処置（ここでは総合選抜制度の実施の有無）以外に質的な違いがなく、また処置の前後でサンプルの構成に変化の起きないことが前提である。一見二つの地域性に大きな違いはなく、住民の構成は似通っているとする。しかし日本では、自治体が高校入試でコントロールできるのは（国立を除く）公立高校のみである。

特に東京の学校群制度導入により何が起こったかは、よく知られている事実だ。学校群制度により、必ずしも希望する高校に進学できるとは限らなくなったため、比較的裕福な学力上位層が私立高校に流出した。そうした私立高校は、中高一貫校が多いから、私立流出が中学入試段階で起こる。こうした傾向が続けば、総合選抜制度を導入する前の高校受験者層から、成績上位層が（私立中学に進学してしまったことで）多く抜ける。制度変革そのもののインパクトを問うのであれば、制度変革前後の受験者の中身が同じと見なされなければならない。しかし制度変革の前後で、高校受験者層の中身が変わってしまえば、制度変革そのものの真の影響をみることはできない。

総合選抜制度の実施により、公立高校の相対的な学力水準が低下したという批判がある。

そうした現象が観察されたとしても、それは制度自体が学力水準を低下させたというよりは、制度によって受験生の選択行動が変わった（つまり公立受験者層に成績上位層が少なくなってしまった）ことによる影響と考えるべきだ。総合選抜制度それ自体の学力への影響とは見なせない、といえるだろう。

データのコンタミネーション

さらにいえば、首都圏など大都市圏ではしばしば起こることだが、少し長いスパンでみた場合、総合選抜制度を導入した公立高校から私立高校に受験生が流れ、私立高校の進学実績が著しく伸びることがある。私立高校には学区がないので、本人が通学可能であれば、他の自治体からも受験する。そうすると隣接した総合選抜制度を導入していない自治体からも、私立高校を受験したいという生徒が現れる。

本来であれば、総合選抜制度の影響は、導入した自治体のみに及ぶはずである。公立高校を選択する分には、問題ない。しかし私立高校を考慮するとそうはいかなくなる。隣接県の総合選抜制度導入がその県の受験生の選択行動を変え、高校の進学実績を変化させる。その結果、本来は制度変更と関係のない県の受験生の高校選択行動も変化してしまう。こうなると、総合選抜制度を導入していない自治体のサンプルの性質も、導入前後で変わってしまう。要するに、総合選抜制度という処置の影響が、処置群だけではなく、統制群にも及ぶというデータの汚染、つまりコンタミネーションが起きていることになる。

総合選抜制度そのものの影響を科学的に検証するのであれば、私立も公立も関係なく、すべての高校が総合選抜制度を導入するという前提で、その前後の学力水準を比較し、あくまで制度そのもののもつインパクトを測定しなければならない。それが科学的検証を行う際の、しかるべき態度である。

とはいえ、公立高校と私立高校が併存し、学区制という制度に従わなければならないのは公立高校のみであるという条件は所与のものだ。したがって政策立案の立場からは、そうした制度設計のもとで、人々がどういった選択行動をとりうるかを含めて、十分吟味する責任がある。つまり純粋に科学的な関心に基づき、総合選抜制度の実質的な因果効果を測るのは大事だが、科学的探究の問題を超えて、総合選抜制度により人々の選択行動がどう変化し、それが世の中をどう変革させるか、という次元の問題まで考慮しなければならない点に、政策決定の難しさがある。

パネルデータと差分の差分析

因果分析で厄介なのは、観察されない異質性の存在であり、傾向スコアによる分析でも、傾向スコアを予測するロジスティック回帰分析の推定がうまくいかなければ、観察されない異質性の影響を完全に取り除けない可能性もある。また測定の技術が進歩しても、個人の能力、性格を完璧《かんぺき》に数値化しての測定など不可能である。

もちろん、数字による指標化に意味がない、といいたいわけではない。数値の指標が示すものには限界があるということだ。指標として何らかの数値が得られたのであれば、その数値は何を測定しているのか、その中身を慎重に見極めるべきである。

パネル調査によってパネルデータを収集する意味は、個人内の変化をつぶさに観察できる点にある。さらに、パネルデータ特有の分析手法を用いれば、観察できない異質性の影響を取り除くことが可能になる。これは、パネルデータの固定効果推定とよばれる。

これに似た発想に基づくものとして、差分の差分析（Difference-in-differences Design：略してDID分析）がある。たとえば、一四〇ページでも触れたティーム・ティーチングの効果の有無を検討しよう。教師が普通に授業をやり、生徒も真面目に授業を受けていれば、学力は（ティーム・ティーチングの有無にかかわらず）上昇傾向となるだろう。

そう考えると、ティーム・ティーチングの導入で、生徒の学力が伸びたことだけ観察すればいいという問題ではない。注目すべきなのは、学力の伸びである。つまりティーム・ティーチングをしていない学級の生徒と、している学級の生徒とで、学力の平均的伸びを比較して、後者の伸びの方が大きい、ということを示す必要がある。

差分の差分析で問題にしているのは、処置を行う前と後のスコアの「変化」の大きさである。だからティーム・ティーチング導入前後で、処置群と対照群それぞれの学力データを入手し、その前後の学力データの差を計算して比較するのである。そしてティーム・ティーチングの採用によって、学力の上昇ペースが速まった（上昇カーブが大きくなった）ことが示されれば、十分効果があったと判断されるのだ。

4　統計データとエビデンス

回帰モデルの考え方

ここまでの流れから理解できるように、エビデンス・ベースドの教育政策で言及されるものの多くは、量的なデータに基づく統計分析である。つまり現象を何らかの指標に基づいて数値化し、それをもとに分析を行うのである。

ただし量的データを利用するといっても、統計的分析を行う研究者の立場は一枚岩ではない。そして因果分析に対する考え方も、その立場は大きく異なっている。

やや専門的になるが、石田浩（二〇一二）や近藤博之《こんどうひろゆき》（二〇一四）の論文は、インターネット上でも読める重要な論文である。海外ではユー・シェ（二〇〇七）が、階層研究でパス解析とよばれる因果モデルを導入した「オーティス・ダンカンの研究上の遺産」と題した論文で、統計分析を行う研究者の立場の違いを示している。これらを筆者がかみ砕いて説明すると、次のようにまとめることができる。

　現在主流になっている因果推定モデルは、概して回帰分析とよばれる方法がベースにある。回帰分析とは、観察されたデータをもとに、関心のある変数（従属変数、もしくは被説明変数）を予測するのに有効な変数（独立変数、もしくは説明変数）を探す手法である。そして分析により、考えられる独立変数が、従属変数に対して、どれほどの影響をもたらすか、その大きさも推定できる。この大きさは回帰係数として表される。

　教科書的には、複数の独立変数を考慮した回帰分析において、ある特定の独立変数の回帰係数は、他の独立変数を固定した状態でその独立変数を一単位変化させたときの、従属変数の変化量と説明される。つまり回帰分析では、他の独立変数を固定したときに見出される、特定の独立変数独自の影響力の有無や大きさに関心がある、ということになる。

　統計モデルとしての回帰分析は、以上のように解釈できる。しかし、社会分析としてみたときに、それぞれの独立変数の回帰係数を、独自の影響力をもつと考えることに意味があるのか、という問題提起を行ったのが、社会学者スタンリー・リーバーソンだ。

　回帰分析で有意な独立変数の影響が見つかると、あたかもその変数を独自に操作すれば、従属変数にもその独立変数の回帰係数分の影響が及ぶと考えがちだ。しかし社会の変数は複雑に絡み合っており、現実世界の独立変数を独自に操作したからといって、回帰モデルで推定されたような変動が起こるわけではない。

　階層を示す変数として、親の学歴、職業、収入などが使われる。しかしこれらの具体的な変数は、階層を示す一部の指標に過ぎない。社会階層は、これらの変数が絡み合った、もっと根底的な概念である。だから回帰分析で、進学に対し収入の負の影響が観察されたからといって、奨学金や授業料減免プログラムを充実させれば階層間の進学格差が縮小するのか、といえば、懐疑的な態度をとる社会学者は少なくないだろう。

また回帰分析の重大な問題点は、変化の方向性の非対称性が考慮されていないことだ。仮に、有意な回帰係数bが得られたとする。このとき、独立変数が一増えれば従属変数はb増加すると解釈される。一方、独立変数が一減少すれば、そのとき従属変数はb減少する。これが、変化の対称性の意味するところだ。

しかし社会現象には、こうした変化の対称性に当てはまらない例も多い。一定の勉強時間を割いて、学力を身につけたとする。その後、勉強時間が減ったとき、減少量に並行して学力が落ちるか、というと必ずしもそうではない。もちろん何もしなければ忘れたりして実力が落ちるかもしれないが、いったん身につけたものは、その後復習をしなくても維持できることが結構ある。この場合、変化の対称性を前提にした回帰分析では、正確な影響力の推定ができないかもしれない。

ブルデューとブードンの違い

統計的データを用いるフランスの代表的な社会学者は、一九世紀末から二〇世紀にかけて活躍したデュルケムを除けば、おそらくレイモン・ブードンと、ピエール・ブルデューの二名が日本でもっとも知られているだろう。ただ、この二名は確かに数量的データを用いるのだが、その考え方は真っ向から対立する。

ブードンの考え方は、合理的選択理論の系譜に位置づけられ、社会階層と教育研究における一つの流派を形成している。近年では、リチャード・ブリーンとジョン・ゴールドソープによって提唱された相対的リスク回避説という仮説の検証が、階層と教育研究の流行だが、そのアイディアを遡るとブードンに辿《たど》り着く。

相対的リスク回避説とは、ブードンの提唱した一次効果（成績と階層の間には相関がある）と二次効果（仮に成績が同等であっても、進学するか否かの決定の基準は、その人の出身階層によって異なる。つまり高階層出身であれば多少成績が悪くても進学するだろうが、低階層出身の場合、成績がよくないと進学しない）のアイディアをもとに組み立てられた。個人の進学決定行動は、自分の親と同等の階層を維持できるか否か、という打算的（合理的）な推測に基づいて判断されるが、その判断基準は階層によって異なると仮定したモデルだ。

それに対してブルデューは、このような「合理的」モデルは、個人の成育歴や、その個人を取り巻くさまざまな環境的要因、文脈を無視した空想的なモデルだと喝破する。ブルデューが好んで用いたのは回帰分析ではなく、変数間の位置関係を抽出する対応分析とよばれる手法である。

日本の教育社会学でブルデューは、教育機会の階層間不平等が、家庭の収入や資産といった経済資本だけではなく、高級とされる趣味・嗜好のような文化資本が強い影響力をもつと指摘したことで言及される。それは一つの解釈だが、ブルデューの技法をみると、そこでは（ブードンとの）根底的な人間観や社会観の違いが反映されていることが理解できる。

ピエール・ブルデュー（1930～2002）

ロイック・ヴァカンが述べているように、ブルデューの立場はリーバーソンに近い。また八二ページで言及したルーカスも、自らをリーバーソン主義者だと述べている。通常、回帰分析の結果は回帰係数や限界効果によって示される。ルーカスはそうした方法を採用せず、表2－1のような方法をとった。これは、こうしたスタンスの違いがあることを反映している。

ブルデュー理論の核は、ハビトゥスだ。ハビトゥスとは、人々が特定の界（場とも訳される。教育という場、経済的な取引を行う場、人々が仕事に励むその業界という場など、社会はさまざまな場、すなわち界から構成される）に置かれたときに、個人が抱く性向を指す。個人は、日常経験や成育歴の中で、一定の好みや考え方を蓄積する。だから皆、特定の性向を身につけており、それぞれの場で無意識にその性向に沿った思考をし、行為・選択を行うのだ。

ブルデューにとって、そうした行為に至らしめる背景にある構造こそが、社会学の明らかにすべき対象である。ブードンや合理的選択理論の論者は、そこを探求せず、いきなり社会的コンテクストを抜きにした合理的人間を仮定してしまう。しかし、ある選択が合理的だとわかっていても、本人の好みや志向により、必ずしも合理的とはいえない選択をするのはめずらしくない。これこそが、個人のもつハビトゥスの反映なのである。

したがってブルデュー的な立場に立てば、ある教育的処置を社会的文脈から切り離し、それがあたかも独自の効果をもつと考えるようなモデルは到底受け入れられない。また何らかの教育的処置が、平等化や格差の縮小に向けて大きく寄与するという考え方には、概して悲観的である。

なぜなら、社会の階層、階級間の不平等の背景には、それぞれの界で何らかの序列性を維持する権力構造が潜んでおり、教育的な処置もそれを前提にして個人に作用するからである。つまり平等化や格差の縮小には、表面上の教育機会の拡大などでは限界があり、界を構成する権力構造を自覚し、その構造を解消するしかないのである。

ブルデュー的な立場から、私たちは何を学び取るべきか。一一二ページにおいて、アメリカではエビデンスもランクづけされ、科学的にもっとも正当とされるRCTが最上位のエビデンスになる、と述べた。しかしRCTには、社会的コンテクストは存在しない。私たちの社会はみな、歴史をもっている。いくら科学的に正当な方法で導かれたエビデンスであっても、歴史的経緯を備えた現実社会に適用すれば、実験と同じように作用するとは限らない。もし現実社会に検証結果を適用できなければ、その実験に外的妥当性はない。

同様に、他国や他の社会で成功した試みを、日本社会にそのまま実行したら、同じように成功すると考えるのは楽観的すぎる。これらの議論は、自然科学的な手法を表層だけまねて社会科学に適用することへの注意を喚起しているといえよう。

統計的分析の数値が示すもの

なお、自然科学であれ、社会科学であれ、統計的分析で使用されるデータは、多くのサンプルを集めたものだ。サンプルには、一定のばらつきがあるのが前提であり、全員がそうだといっているわけではない。

統計的差別という言葉がある。男女別に四年制大学進学率をそのまま比較すると、男子の進学率が高い。これは統計的な事実である。しかし、この進学率の男女差をエビデンスと見なし、ある進学高校がよい大学進学実績を残すために、男子を優先して入学させていたらどうなるだろう（これは一九八〇年代後半に、ある県立高校で問題になった事例である）。もちろん、男子より成績のよい女子はいくらでもいるはずだ。だが、これでは合否の当落線上にある女子は、男子に比較して明らかに選抜で不利益を被る。だから、この扱いは差別であり、不当なのだ。

それに、進学率の男女差をエビデンスと見なして選抜制度が運用されると、なぜ男女差が生じるのか、という根本的な原因が問われなくなる。潜在能力に大した平均的男女差はないと思われるのに、労働市場に男女を分ける制度や仕組みが強固にあるため、女子の高学歴が正当に評価されない。だから女子が高学歴を選択しないのではないか、という問題意識は浮上する余地がなくなる。実際、多くいると推測される男子より有能な女子が、このような社会的選別であらかじめ排除されたとしたら、社会的損失でもある。

一方で、統計分析は、よりよい将来予測のためにやっている、と考える人もいる。研究者によっては、予測可能性の価値を認める人もいるかもしれないが、筆者は微妙な立場である。統計データの分析は、すでにあるデータを処理したものに過ぎない。分析の結果は、何も参照せず当てずっぽうに推測するよりは参考になるが、社会現象の予測については、必ずしも有力なツールではない、というのが筆者の考えである。

社会学や社会心理学を学んだ者ならば、予言の自己成就や予言の自己破壊、という言葉を習っただろう。人間は、言葉を理解し、考えて行為選択する生き物である。根拠があろうとなかろうと、極端にいえば嘘《うそ》やデマであろうと、社会現象について将来予測を行うような言説が広く流布し、人々がそれを信じて（本人にとっては合理的と思われる）何らかのアクションを起こすと、社会的に都合のよくない結果が起こることがある。

予言の自己成就の例として、たとえば、公立学校と私立学校の評判と、その結果生じる学校間の学力格差を考えてみよう。両種の学校には、カリキュラムや教育の内容に大した違いはない。しかし公立学校で提供される教育の質は低く、生徒の成績も伸びないという言説が社会に広まったとしよう。仮にその言説に何の根拠もなかったとしても、教育熱心な保護者はこの言説に反応し、子どもを私立学校に通わせようとするだろう。教育熱心な層は、社会階層の高い人が多い。その結果、公立学校と私立学校の選択者の間に、階層差が生じる。すると生徒の平均的な成績も、公立学校と私立学校の間で差が生じ、噂《うわさ》は現実化する。

反対に、予言の自己破壊の例も考えてみよう。たとえば過去のデータから、今年はある学校への志願者が殺到しそうだ、という予測が出た。それを信じた人々は、その学校の厳しい競争を回避しようと別の学校を選択する。すると志願者が殺到すると予測されたもともとの学校は受験生が減り、代わって予想外の別の学校の競争率が上昇する。結局、競争を回避しようとした選択は間違っていたことになる。

予言が自己成就するのか、自己破壊するのかは、そのときにならないとわからない。社会科学の知見を世の中に晒《さら》すことは、このように人々の行為に影響を与える可能性もあり、極めてセンシティブな問題を孕《はら》んでいる。

筆者自身は、統計データはあくまで、今ある現実、あるいは過去の出来事を理解する一つの有力な手段、と考えている。私たちは目にする社会を、それが唯一存在する社会と見なしがちだ。しかし目に見えている社会が、世の中全体をどこまで反映しているのかはわからない。政策決定のように、社会全体に波及する問題を扱うケースでは、個別具体的な物事から距離を置き、俯瞰《ふかん》的に全体を見通して世の中がどうなっているかを判断する必要がある。

何らかの政策決定を行う際には、その必要性を判断する根拠がなければならない。政策決定や制度変更は、社会全体に波及する。学校で問題が起きたとき、それは学校や教師、児童生徒特有の問題に起因するのか、教育委員会の問題なのか、日本の教育制度全体の問題なのか、問題のレベルをしっかり見極めなければならない。この診断を誤ると、場合によっては、破滅的な決断を下すことになりかねない。

つまり現行制度の枠組みで、個別に対処すべき極端で稀な事案を、教育制度が抱える問題だと誤った診断を行い制度改革してしまうと、それまでもっていた全体の長所が破壊されてしまう。逆に制度疲労により、あちこちで類似した問題が発生しているのに、生徒や個人、個別の学校の問題として放置すれば、その非合理的な制度のもとでの犠牲者は増えるばかりだ。

統計的データのエビデンスは、民主主義社会で、人々が政策の良し悪し、つまり社会的な決断を下すとき、社会診断を行う手段として活用されるものだ。だからエビデンスの役割を過小評価すべきではない。そして、私たちは民主主義社会を機能させるためにも、エビデンスを読み取る力を身につけなければならない。学校教育は身近な話題であるだけに、統計リテラシーを高める格好の材料となりうる。

エビデンスと学校現場の関係

では、統計データと教育現場の関係はどう捉えられるだろうか。

近年、教育改革が繰り返され、現場の多忙化も進んで余裕がなくなっている。教育の成果が求められる風潮もあり、即効性のある「答え」を現場の教師が求めている雰囲気もある。しかし統計データに基づくエビデンスを、その「答え」と考えるのは、注意が必要だ。

繰り返しになるが、統計データは、あくまで全体の傾向をみるものだ。現実には、その中にいる個人がさまざまな動きをしている。統計モデルは、その中にいる具体的な個人の動きを予測するものではない。しかし学校現場で接するのは、生身の児童生徒である。

仮に、実験的枠組みに基づく統計分析で、ある実践が有効との結果が出たとする。しかし、それは全体平均の話であって、効果には個人差がある。ところが、この分析結果を強力なエビデンスと見なし、教師は機械的にその実践をすべての子どもに当てはめるようなことをやってしまいがちだ。エビデンスが、教育現場のマニュアルのようになってしまうのだ。

科学的手続きに則ったから、そこで出てきた知見が現場で万能というわけではない。エビデンスという言葉が現場で独り歩きし、あたかもそれが唯一の解答であるかのような、反論の余地のないものになってしまうのは問題だ。

学校教育は、人間的な営みである。だからこそ、実践としては個別性や多様性に配慮しなければならない。そのような多様性を考慮するからこそ、教育は公共性をもつのだ。統計的エビデンスは多数派の傾向なのだから、そのエビデンスに無条件に従って教育実践を行うだけなら、教師は単にマニュアルをこなす教育マシーンになってしまう。そこでは、教師としての専門性や力量は関係ない。

統計分析は、社会的なマイノリティを扱う分析に必ずしも強くない。ケース数が集まらないと、どうしても推定の誤差が大きくなってしまうので、信頼性のある結果が得られないからだ。しかしそれは、分析する側の都合に過ぎない。教育現場には、多様な個性をもった子どもがいる。だから教育実践を行う者が、統計的エビデンスばかりを気にして、そうした個別事情を鑑《かんが》みないことになれば、統計データの活用法としては有害ですらある。

教育現場にとって必要となるのは、具体的な事例や実践記録の蓄積だ。教育現場で何か問題があれば、おそらく過去の似たケースを探し、それを参考にしたい、と思うのではないか。しかしこうした事例の記録は、科学的に有力なエビデンスと見なされないことが多い。

確かに、特定事例を取り上げた記録は問題のあるものが多い。たとえば、ある生徒が非常に深刻な事件を起こしたとする。その原因を探ろうと、生徒の性格や発達記録が徹底的に調べ上げられる。時には、何らかの発達障害や、家庭の問題が発覚することがある。得てして、そうした障害や家庭環境が原因となって、事件につながった、という解釈が示される。わかりやすいストーリーにはなっているのかもしれない。

時系列で並べれば、矛盾のないストーリーが描けるだろう。しかし実際には、同じような境遇にあっても、事件を起こさない方が圧倒的に多い。作り上げられたストーリーは、単に社会的に存在する偏見を反映しただけのものかもしれない。

科学的見地からすれば、発達障害や特定の家庭環境に置かれた子の犯罪率が、そうでない子の犯罪率より有意に高いことを示さなければならない。しかし管見の限り、そうした比較・検証をしたものはほとんどない。だとすれば、発達障害や特定の家庭環境そのものが問題であるという解釈が広まることは問題だ。仮に障害や家庭環境などが何らかの影響を与えていたとしても、それ自体が原因というより、その子のもっている障害や家庭環境を教育現場が把握し対処する方法に、より深刻な問題があったのかもしれない。

だから、個別事例の記録が陥りがちな誤謬や限界を十分認識しておく必要がある。しかし、予想もしないようなことの起こる学校で、統計的エビデンスに拘泥《こうでい》することは、逆に機動力を失わせることになる。統計的エビデンスが誰にでも当てはまる答えでないならば、現場は多くの可能性を考慮しなければならない。だから多くの実践記録が必要になるのである。そして現場は、多くの実践記録を参照しながら、試行錯誤しつつ問題解決するしかないのだ。

筆者は教育現場で、実践の記録が蓄積されていくことは非常に大事なのではないか、と考えている。必ずしも科学的ではないかもしれないが、現場の対応として、そうした記録が役立つ可能性は十分ありうるからだ。もちろん教員自身の統計リテラシーを高め、そうしたエビデンスをうまく活用できる能力を身につけることも重要だ。一方で学校現場に必要なのは、教師が多様な事例の情報収集をし、それに基づいた情報交換を行う時間や精神的ゆとりだろう。何を測定しているのかよくわからないような指標で形だけアンケート調査を行い、一見科学的な装いをした評価を行い、その評価に関連する書類を埋める作業で多忙化が進むくらいなら、そのようなものはやめて、教師間や、教師と子どものコミュニケーションの時間に充《あ》てる方が、現場にとってははるかに有意義だろう。

なぜ、私たちは先人の経験談を知ろうとするのだろう。確かに、経験談がダイレクトに活用できる場面は、それほどない。しかし、そこには私たちが生活していくうえで、多くのヒントが隠されているのだ。それを単なる経験談で、お話だと切って捨ててしまうのは簡単だが、一方でそうした経験談を参考に何かを考えて実行したことが、人生に影響を与えることは十分ありうる。人間生活の日常的な営みにおいて、科学的でないものは極力排除すべきだ、という考えは非常に狭い料簡《りょうけん》である。

重要なのは、統計的エビデンスを中心とした科学的知と、経験をもとにした実践知や臨床の知を、どういった場面で使い分けるか、その活用の仕方である。何より、極端で偏った見方を採らないように、注意しなければならない。教育のもつ効果も、個人にとってなのか、社会にとってなのか、いずれを想定するかで全くイメージが異なる。

では、その教育の効果、インパクトはどのようなものが考えられ、いかにして測定するのか、次の章で考えてみることにしよう。

第4章　教育の社会的貢献

1　教育の経済的意義に関する議論

スキル・バイアス理論

本書の冒頭では、教育が社会的に正の貢献をするという機能主義や、機能主義を経済学的により精緻《せいち》化した人的資本論に触れた。そして機能主義や人的資本論を背景に、OECDや世界銀行のような国際機関は統計的エビデンスを示したり、あるいはPISAをはじめとする国際比較調査を実施したりする。国際機関が政策に資するエビデンスの作成に寄与しつつ、それぞれの政府に対して教育の重要性を訴える。そこには、知識社会化がグローバルな形で展開しており、より高度な知識をもつ人材への需要が高まっているという認識がある。

トルコ生まれで、アメリカで活躍する経済学者ダーロン・アセモグルは、人的資本論を支持する有力な経済学者の一人である。賃金の二極化と、それに伴う中間層の弱体化というのは、多くの先進国に共通する問題だ。では、なぜ賃金の二極化や中間層の弱体化が起きているのか。アセモグルは、その根拠をスキル・バイアス（技術の偏り）に求めている。

技術革新で合理化が進むと、人間がしていた作業を機械が行い、仕事がなくなると考えがちだが、そうとは限らない。むしろ技術革新は、機械ができないような高いレベルのスキルの需要を高める。

たとえばクラウディア・ゴールディンとローレンス・カッツは、時系列データから、職業間の賃金格差が拡大したのは、技術革新に対応できる人材が供給不足に陥り、高学歴者の賃金プレミアが上昇したためと考えた。

技術革新のスピードは非常に速く、進学率の上昇はそれに追いついていない。アメリカで賃金格差が拡大したのは、低階層出身者の高等教育進学率が伸び悩んでいた一九八〇年代以降である。進学率が停滞して、高いスキルを備えた高学歴者の供給が増えないので、労働市場における高学歴者の賃金が割り増され、それが格差の拡大につながった。だから教育に対する投資をもっと増やし、全体の進学率を上昇させるとともに、進学機会の格差を縮小することが重要なのだ、というのがゴールディンらの主張である。

それに対する反論も、もちろん存在する。たとえば、大学レベルの知識や技能を求められる仕事が、そこまで多いわけがない。大学で学んだ知識を仕事で使うことはまずない。そのような大学を、必要以上に設置するのは社会にとって無駄である。日本の大学院重点化政策などはその最たる例で、労働市場における需要を無視した大学院定員の拡大により、多数の就職できない高学歴者を生み出した。高学歴化に対して疑問を投げかける発言は、巷《ちまた》に溢れている。

このように、機能主義や人的資本論に対する批判は、いくつも存在する。代表的なのが、過剰教育論、シグナリング、もしくはスクリーニングの理論である。スキル・バイアス理論に対する批判としては、グローバル・オークション・モデルがある。順を追って説明しよう。

アメリカは、高等教育進学率の上昇と大衆化が最初に起きた国である。少数者が大学などの高等教育を受けた時代は、その修了者は社会のエリートでありえた。しかし進学率が上昇すれば、大卒者は社会にとって稀少な存在ではない。さらには、社会的に要請されている高度な知識や技能をもつ人の需要は、無限というわけではない。今や、その需要を上回る大卒者が生み出されている、とするのが過剰教育（オーバーエデュケーション）論である。

過剰教育の結果、せっかく大学を出たのに、大卒でなくてもできる仕事しか就職口がない、という事態が生じる。社会的な需要に比して、高学歴者が多く生み出されるので、学歴と仕事内容のミスマッチが起こるのだ。過剰教育論の急先鋒《せんぽう》は、アイヴァー・バーグで、彼の著作には「偉大なる訓練泥棒」という副題がついている。これはもちろん、過剰教育を揶揄したものだ。

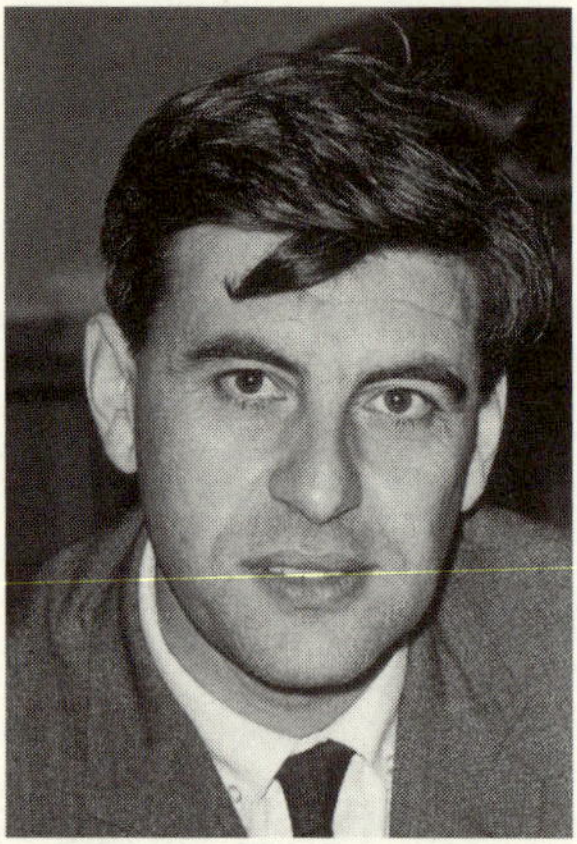
ロナルド・ドーア（1925～）

日本研究者としても知られるイギリスのロナルド・ドーアは、イギリス、日本、そしてスリランカやケニアといった第三諸国を比較する。比較の結果、彼は産業化が遅く始まった国ほど、（需要と無関係に）急激に教育制度が整備されるため、社会に学歴信仰が蔓延する「学歴病（ディプロマ・ディジーズ）」が観察されると述べた。新興国ほど学歴病が深刻となる現象は、後発効果とよばれる。

社会政策的に進学率を上昇させるのは、学校を多く設置して入学者を増やせばいいので、財源の問題さえ乗り切れれば、難しいことではない。一方で労働市場は、社会構造と密接に絡み合っているため、そう簡単に変わらない。つまり高知識・高スキルを要求するような仕事は、進学率上昇のスピードほど速く生み出されない。得てして、高学歴・高スキルを要求される職業の社会的地位は高い。結局、そのような地位を獲得するには、学歴が必要となる。社会的に高い地位に就くためには高学歴が必要だという認識が広まれば、多くの人が進学競争に参入する。競争が激化すれば、その弊害も目立ってくる。政策的に競争を緩和するもっとも手っ取り早い手段は、入学の枠を拡大することだ。しかしそれは競争緩和が目的であって、社会の需要とは関係がない。いったん進学率が上昇すると、それまで進学を諦めていた人々も、チャンスが自分にも回ってきたと考えるだろう。こうして需要に見合わない進学率の上昇が起こり、高学歴の稀少性が失われ、学歴インフレ（学歴の価値の相対的な低下）が起こる。

ドーアはなぜこの動きを「病」とよんだのか。本来、教育は知識や技能を身につけるためのものであり、学歴はそれらを獲得した証明である。ドーアからすれば、教育で得たものは、社会で使われなければ意味がない。ところが、後発国で多くみられる学歴獲得競争には、何のために進学し、勉強するのか、という視点がなくなっている。

学歴獲得競争からの撤退は、その社会の敗者であることを意味してしまう。したがって、教育によって得た知識や技能を社会で役立てる（知識やスキルの獲得証明である学歴を取得する）のではなく、ただ高い学歴の獲得自体が自己目的化する。だから学歴獲得競争への参入者は、理由もわからず、競争に勝つために競争に加わることになる。こうした競争のための競争は必要以上に進学熱を高め、社会にはそこで学んだ知識や技能を活かせない高学歴者が職を求めて彷徨《ほうこう》することになる。

シグナリング理論

シグナリング理論は、機能主義や人的資本論への対抗理論として、もっともよく知られているものだ。いわゆる「情報の非対称性」に関する理論の一種で、これはジョージ・アカロフによる中古車市場（俗にレモン市場と言われる）に端を発する。

理想的な市場（マーケット）では、取引を行う当事者は、お互いの情報を完全に掌握し、いくつかの選択肢が存在して互いに鎬《しのぎ》を削り、競争していると仮定している。市場で競争が起こることで、生産者はよりよいサービスを提供しようと努める。消費者も、いくつかの選択肢から、より安く良質なサービスを求めようとする。このような市場原理が機能すれば、結果として、より安く、また最良のサービスが提供される均衡点に達すると考えるわけだ。つまり理想的な市場モデルでは、「完全競争」と「情報の対称性」が仮定されている。競争が起こらない状態（独占や寡占など）では、低コスト・高品質へのインセンティブが失われる。また選択肢からベストなものを選ぶには、きちんと情報が提供されているのが前提である。そうでなければ、競争はフェアなものになりえない。

中古車の売り手は、もちろん高い値段で売りたいが、消費者は中古車であるがゆえに、安く手に入れたいと考えている。ところが、中古車に由来する独特の取引の困難さがある。中古車の来歴はさまざまだ。何か欠陥があるかもしれないし、事故車だったかもしれない。しかし、その情報を詳しく知っているのは売り手のみだ。売り手は、中古車を高く買い取ってもらうために、不利な情報を消費者に提供しない可能性がある。

しかし買い手も慎重だ。欠陥車を高い値段で買うわけにはいかない。中古なのだからと、より安い価格を要求する。つまり買い手は情報を握っていないので、不信感を抱きながら取引するのだ。これでは、正直な売り手が高品質の中古車を売ろうとしても、それは売れないだろう。売り手と買い手の中古車に対する情報量は一致せず、買い手の売り手に対する疑いの目は完全には消えないからだ。

結局、売り手は、商品が売れなければ生活できないので、高い中古車を売ることは諦めるだろう。その結果、安い中古車（粗悪な商品）ばかりが市場に出回るという社会的不利益が生じる。これは逆選抜とよばれる現象である。

この情報の非対称性の理論を、労働市場に適用したのがマイケル・スペンスである。雇用主は、高い職務能力のある者を求めている。そこに多くの求職者が応募する。ところが、求職者の能力を判断する時間や資源には限界がある。そもそも働かせてみなければ、わからないともいえる。しかし採否は決定しなければならない。

雇用主は、経験的に高学歴者ほど職務能力が高いと考えている。あるいは、高学歴であるということは、一定の競争を勝ち抜いて残った人たちであり、就職後の競争でも勝ち残る可能性が高いだろうと考える。つまり、高学歴者を採用しておけば、はずれは少ない。だから雇用主は採否の判断材料として、学歴を重視する。つまり雇用主からみて、学歴は篩《ふるい》の役割を担っている。そこで、このプロセスをスクリーニング（篩い分け）とよぶこともある。求職者は高学歴ほど就職に有利になるという実情を知っているので、高い学歴を得ようと努力する。学歴が、採否にあたって、求職者の「有能さ」を示すシグナルとして機能しているのである。

シグナリングやスクリーニングの理論と、機能主義・人的資本論の決定的な違いは何か。それは、シグナリングやスクリーニングの理論は、教育によって求職者の知識や技能が実質的に高まったことを前提にしない点にある。実証的なデータでは、学歴が高いほど就職に有利になるという点は同じ傾向が観察される。問題は、その解釈であり、いずれを重視するかで採用するスタンスは全く異なる。

機能主義や人的資本論は、高学歴ほど高い知識や技能など、何らかの付加価値が実質的に身についていると考える。だから社会の高学歴化は悲観すべき事象ではなく、むしろ社会全体の発展や経済成長に寄与すると考える。

一方シグナリングやスクリーニングの理論によれば、雇用主が応募者の学歴を重視するのは、それが便利だからに過ぎない。雇用主は、学校で何か習得したこと自体を重視しているのではない。高学歴者が競争を勝ち抜いた存在だとすれば、それは厳しい競争への耐性がある証明かもしれない。また受験勉強と同様に、提供した職業訓練プログラムを、早く習得してくれるかもしれない。雇用主からすれば、企業内訓練にはコストがかかるから、そのコストは安く済ませたい。だとすれば、職業訓練プログラムに対して訓練可能性をもつ者が望ましい。以上のような理由から、雇用主にとって高学歴者を雇うのは合理的だ。

学歴がそうした訓練可能性のシグナルであると考えれば、もちろん学校の存在自体に一定の社会的合理性はある。ただ裏を返せば、学歴にはシグナリングの機能しかないと考えると、膨大なコストをかけて学校教育制度を維持すべきものなのか、議論が分かれるだろう。

一般の人々にとって、高学歴なら就職に有利という事実に変わりはない。だから学校で学ぶ内容が職務で活用されなくても、進学意欲は低下しない。過剰教育は、こうした教育熱によって生み出される。その結果、必要以上に高学歴者が生み出され、ランニング・コストばかり嵩《かさ》むという社会的に非効率的な結果を生む。

また高学歴ほど訓練可能性がある、というのは経験的な傾向に過ぎず、学歴と職務能力の高さは必ずしも一致しない。スクリーニングやシグナリング理論に従うことで、学歴が高くないけれども職務能力の高い人を採用できない、という不合理を生んでいる可能性がある。

さらに、シグナリングやスクリーニングの理論が機能するには、学歴によって求職者の特性がより露《あら》わになる（つまり他者より訓練可能性が高いことを示す）ことが期待されている。高学歴者が少ないから、高学歴がシグナルとして機能する。しかし高学歴化は、数として高学歴者を増やすだけなので、むしろ学歴のシグナリング効果を薄める。つまりシグナリングやスクリーニングの理論に立てば、高学歴化は社会にとって生産的でも、効率的でもないという結論に行きつく。

グローバル・オークション・モデル

最後に、スキル・バイアス理論に対する反論として、イギリスのフィリップ・ブラウン、ヒュー・ローダー、デビッド・アシュトンの提唱したグローバル・オークション・モデルを紹介しよう。

このモデルの成立には四つの前提がある。それは、発展途上国でも起きている爆発的な教育拡大（特に高等教育の拡大）、品質の低下を伴わない価格破壊、デジタル・テイラー主義の浸透、そして才能をめぐる競争の発生である。

先進国の人口の伸びが停滞する一方、経済発展の著しい中国、インドなどでは高等教育進学率が急速に伸びている。これらの国は人口規模が大きいし、インドの高等教育機関の教育は一般に英語で実施されている。また中国も（高等教育機関発展の歴史が相対的に浅いため）高等教育の英語化に柔軟に対応している。その結果、大量の英語のできる技術者の候補が生み出されている。

インドや中国などの発展途上国における賃金・物価水準は、欧米より低い。しかし高等教育を終えた者であれば、それがインドや中国であっても、一定の知識やスキルレベルを習得している。特に応用科学や技術分野の知識に国境はなく、教える内容に大きな違いはない。

質が下がることもない。だとすれば、賃金は高いが凡庸な先進国の高等教育修了者と、安く雇え、英語もでき、能力が低いわけでもない発展途上国の高等教育修了者を比較したとき、雇用者が後者を雇おうとするのは当然だ。グローバル化が進み、競争に打ち勝つ必要に迫られる企業は、コストカットの圧力にも晒されているから、そのインセンティブは余計強まる。

スキル・バイアス理論は、国内の労働市場に目を向けて、高等教育修了者と、非高等教育修了者の賃金格差の拡大に注目した。その結果、需要に対して高等教育修了者が少ないため、その人々の市場価値が上昇し、それが賃金格差の拡大につながったと解釈した。なぜならアメリカにおける高等教育進学率の停滞期に、賃金格差が上昇したからである。だから教育拡大（進学率の上昇）が、社会的にメリットをもたらすことになる。

しかしグローバル・オークション・モデルによれば、国内市場のみに目を向けるのは誤りである。また同じ高等教育修了者の中でも賃金の格差が存在するのだが、そのことはスキル・バイアス理論で説明できない。

英語はグローバル言語なので、労働市場の取引は国内で完結しない。さらにインターネット社会では、知的活動をウェブ上でやり取りすることがかなり可能になっている。だとすれば、仕事によっては、労働者を特定の場所に拘束する必要も薄れ、遠隔地の労働者に仕事を依頼することも可能だ。

最近注目される人工知能（Artificial Intelligence：ＡＩ）も、知的労働者にとっての脅威だ。さまざまなソフトウェアの開発で、知的労働と見なされていたものも、どんどん「外注」したり、そうしたソフトに「丸投げ」することも可能になっている。

生産現場に、ノルマを設定して課業と定め、ノルマの達成程度に応じて報酬を与える課業管理を提唱したのがフレデリック・テイラーであった。課業管理で作業が標準化され、労働現場の効率化が進んだ（その反面、労働者の人間性の軽視という批判もある）。デジタル・テイラー主義とは、労働の標準化や効率化の波が、製造業のような生産現場だけではなくて、ソフトウェアなどの利用により、知的労働にも波及してきたことを意味する。

つまり知的活動であっても、ある程度ルーティン化されたものであれば、高い賃金を払って人を雇う必要がなくなってきたということだ。むしろ労働市場で必要とされている知識や技術のレベルは一層上昇し、大衆化した高等教育では、その知識・技術レベルを（大学の側も、その教育を受ける学生も）満たすのは難しい。

企業が欲しいのは、ソフトウェア自体を開発できてしまうような、突出して優れた才能をもつ人材である。そのような人材の有無が、企業活動の成否にかかわる。彼ら彼女らの発明が、その後の企業業績に連動するからだ。傑出した能力をもつ人材は、引く手あまたである。そして、有名絵画がオークションにかけられるのと同様、賃金水準が大幅にアップする。

他方で、多数派の高等教育修了者は、賃金の安い発展途上国の高等教育修了者との競争に晒される。そうすると、発展途上国の高等教育修了者に合わせて、安くてもいいから雇ってくれと、自らを叩《たた》き売りする状況が生まれる。こうして高等教育修了者の間でも、賃金の格差が生じる。このように考えれば、教育拡大が賃金格差を縮小したり、経済成長を導いたりするなど、ありえない話となってしまう。

教育の費用対効果

もちろん、以上の説明はかなり単純化したものだ。現実には、学校教育で習ったことが直接職務に結びついて役立っていると感じる人もいれば、他方でシグナリング論やグローバル・オークション・モデルの方が実感に合う、という人もいるだろう。

また、機能主義とシグナリング理論は対抗理論であるかのように説明したが、現実には、この両者を相互に排他的な理論と考える必然性はない。機能主義を否定して、学校で習ったことは何の役にも立たないし、教育によって身につけたものは何もないと考えるのも、逆に教育にシグナリングやスクリーニングの機能が全くないと考えるのも、かなり極端な解釈だ。

さらにシグナリング理論が成立したから、教育が無意味だということにもならない。学歴が何らかの能力を示しており、労働市場における選抜に一定の寄与をしているならば、選抜にかかるコストを縮減できたことになるからだ。

そしてこれらの理論は、基本的にモデルであって、統計的データのレベルで実証されるものだ。だから、実際は特定の個人に当てはめて妥当性を問うのはおかしい。問題なのは、社会全体として、どの説明がより妥当性があるか（説明力があるか）なのだ。どの理論に依拠しても、学歴の高い人が高く評価されていることに変わりはない。

しかし、学歴が高いことを評価する根拠は異なっており、採用すべき政策は全く正反対になってしまう。政策は、政府が市民から徴収した税を投入することになるから、全体としての利益の有無が争点となる。

財政が厳しい状況で、政策の費用対効果が問われるのは日本だけではない。多くの先進諸国に共通する問題だが、その中でアメリカは費用対効果を問う研究を先導してきた。そう考えると、コストカットばかり考えているかのようだが、費用対効果を考えれば、教育がもつ実質的な社会的効用が見直せる。日本では、シグナリング理論のような教育への懐疑論がかなり浸透しているように思われるが、ＯＥＣＤの推進する政策のトレンドから明らかなように、世界的には教育の正の機能を評価する動きが有力である。

2　教育の収益率

教育の経済的効果——賃金関数から推定される収益率

では、教育の便益を実証的に示すにはどうしたらいいのだろうか。通常、その実証は、何らかの数量的データを用いて行う。これは第3章の統計分析を用いたエビデンスと同様、あくまで全体の傾向を示したものであって、特定の具体的な個人を想定した計算ではない。そしてその推定には、計算の都合上、現実世界に照らせば無理のある、何らかの仮定を置くことが多い。だから計算結果は、そうした仮定を見込んだカッコつきの数値である。

教育に投資する経済的効果を測定する指標として、もっとも標準的なのが収益率だ。収益率の考え方は、教育に限定されるわけではない。あらゆる経済的投資に対して、十分な見返り（リターン）があるかどうかを推定するという、極めてオーソドックスな発想である。

教育の収益率の研究に関しては、妹尾《せのお》渉《わたる》・日下田《ひげた》岳史《たけし》（二〇一一）や島一則《しまかずのり》（二〇一三）による詳しい紹介がある。詳細はそれに譲るとし、その考え方のエッセンスを紹介する。

教育の収益率の計算（推定）方法として有名なものは、労働経済学者ジェイコブ・ミンサーの提唱による賃金関数の推定と、内部収益率法とよばれる二つがある。まず賃金関数による収益率の推定について簡単に説明しよう。

ミンサーの賃金関数とは、ある人物の賃金率（一定時間あたりの賃金。ただし実際の賃金率の数値そのままではなく、賃金率の自然対数をとったもの）は、教育年数、職務経験年数、職務経験年数の二乗によって説明される、というモデルである。

賃金率は、わかりやすくいえば、時給（単位時間あたりの賃金）と考えてもらえばよいだろう。教育年数は、中卒であれば九年、高卒であれば一二年、大卒であれば一六年になる。

つまり学歴が高いほど、数値が大きい。職務経験年数は、その職場に就職して働いている年数である。もしある人物の教育年数と職務経験年数がわかれば、その人の賃金率（の自然対数）がある程度予測できることを意味する。

ただし、賃金関数自体は未知のものだ。それで、実際に収集された賃金率（の自然対数）、教育年数、職務経験年数のデータをもとに、もっとも当てはまりのよい式を推定する。この式は、一つの従属変数（賃金率）に、いくつかの独立変数（教育年数、職務経験年数、職務経験年数の二乗）を回帰させるという形式をとるので、回帰分析の一種として理解できる。

推定には最小二乗法（OLS）という方法が用いられる。これは計量経済学や社会統計学のテキストには大抵掲載されているので、興味のある読者はそれらを参考にされたい。詳細は省くが、回帰分析で通常関心の対象となるのは、一四九ページでも触れたが、それぞれの説明変数の回帰係数である。

人的資本論の立場に立てば、高いレベルの知識や技能をもつ人ほど労働生産性が高くなるはずだ。つまり同じ時間の労働をさせれば、より多くの教育を受けたためにスキルレベルも高い労働者の方が、多く稼げる（高い付加価値のついたものを生産できる）。したがって教育年数の回帰係数は正になることが期待される。職務経験年数も同様で、経験を重ねれば、仕事を多く覚えるので段々生産性が上がると考えるのが自然であるから、回帰係数は正になる。

では、職務経験年数の二乗は何を意味しているのか。確かに職務経験年数が増えれば、スキルレベルは上昇し、生産性は上がるだろう。しかしスキルレベルを上昇させるにも、限度がある。仕事に限らないが、物事は何でも最初は覚えることが多く、それらを吸収していけば目に見えて進歩していくことがわかる。しかし一定の期間が経過すると、改善すべき点が徐々に見つからなくなり、ある一定の水準に達すると、それ以上スキルレベルの上達の余地があまりない、という状態に達する。つまり職務経験年数の増加と生産性の向上は、単調増加の関係ではなく、職務経験年数が長くなると生産性の向上幅が小さくなってゆく。したがってこの二乗項の回帰係数は、負になることが予想される。

集めたデータの情報の制約からか、従属変数を対数賃金率ではなく、対数所得総額にして推定したものを見かけることもある。しかし所得総額にしてしまうと、賃金率が低くても、長時間労働によって結果として高所得になることがありうる。さらに現実のデータをみると長時間労働と高学歴には正の相関があることが多い。そうなると、係数が教育によって生産性を高めていることを意味するのか、長時間労働を反映しているだけなのか、区別ができない。したがって従属変数は、正確には賃金率の自然対数を置くべきである。

従属変数はなぜ素《す》の賃金率ではなく、自然対数をとるのか。理由の一つは、推定式の当てはめをよくするためである。教育年数のとりうる値の範囲は狭いが、賃金率のとりうる範囲は大きく、極端に単位時間あたりの収入が多い人が含まれれば、かなり大きな値になる。もし教育年数と賃金率の関係をグラフに描こうとすると、素の賃金率を示す軸の目盛りはかなり大きな値までとらざるを得なくなる。しかし対数変換することで、大きな値の目盛りは縮約され、教育年数と賃金率はシンプルな線型関係として示せる。

もう一つの理由は、自然対数をとることにより、右辺の回帰係数は、その変数を一単位変化させたときの賃金率の変化率として解釈できるからである。つまり教育年数についた回帰係数は、一年教育年数が増えたときに上昇する賃金率を示す。一般的には、これがミンサーの賃金関数によって推定された収益率と解釈されている。

ミンサー型賃金関数による収益率推定の問題

統計ソフトが発達した現在、個票データ（個人レベルで、時給換算した賃金、教育年数や職務経験年数などの情報が収められているデータ）が存在すれば、賃金関数の推定は「回帰分析」を統計ソフトを使って指示することで、容易に推定できる。ただしミンサー型賃金関数により収益率を推定する際には、いくつかの注意点や重要な前提が存在する。

賃金関数の推定式の含意は、繰り返しになるが、教育年数（学歴）と職務経験年数、そして職務経験年数の二乗項により、賃金率の自然対数が予測できる、ということだ。しかし現実社会で発生している実測値は、推定した予測値と完全に一致するわけではない。この理論上の予測値と実測値の差をどう考えるのか。

統計的には、予測値と実測値の差は、偶然に発生する誤差に過ぎない、と仮定されている。

したがってこの誤差は、教育年数や職務経験年数と何らかの関連（相関）があってはならない。もしこの仮定が満たされていなければ、推定された係数はバイアスのかかったものになる。となると、最小二乗法を用いる際には、この仮定が正しいか確かめる必要がある。

現実に照らせば、賃金率は学歴や職務経験年数だけではなくて、たとえば企業規模、職種、事業所の所在地などによって差があると考えてもよさそうだ。その場合、そうした変数も同時に考慮して推定することで、賃金関数の適合度を高められるし、可能ならばそうすべきだ。

しかし回帰分析の推定では、一二九ページでも触れた観察されない異質性の問題が付きまとう。観察されない異質性は、具体的な変数化が通常困難である。したがって具体的な説明変数として入れられないため、結局推定式のうえでは誤差の一部として解釈される。しかし観察されない異質性が意味するのは、個人の性格や能力などであるから、それらが教育年数（学歴）と相関があると考えるのは、不自然な話ではない。ただこのことは、誤差項と独立変数の間に相関があることを意味するので、回帰分析の仮定に反する。もし誤差項と独立変数に相関があれば、推定した回帰係数は歪《ゆが》むことが明らかになっている。

また賃金関数の推定には、信頼できる個票データが必要だ。このようなデータがあれば、さまざまな条件を変えて、一定の人物像に関する収益率を推定できる。研究者であれば、データ・アーカイブを通じて関連するデータを獲得できるが、一般的には、このような個票データを獲得するハードルは高いといえよう。

正味現在価値法による収益率の計算

しかし個票データがなくても、私たちがよく用いる表計算ソフトのＥｘｃｅｌ（エクセル）と、政府がすでに公開している集計データをウェブ上から収集すれば、比較的容易に収益率を計算できる。これは正味現在価値（Net Present Value：ＮＰＶ）法とよばれるものである。教育に限らず、投資に見合ったリターンが得られるかどうかの意思決定を行う際に用いる、標準的な計算方法である。

ここで理解しておくべき重要な概念は、マネー（金銭）の時間価値である。たとえば自分が一〇〇万円の元本をもっていると仮定しよう。この一〇〇万円を今使うこともできるが、一年使わずに貯蓄して利子をつけるのも可能だ。利子が高ければ、貯蓄しようというインセンティブがわくだろう。たとえば年利五パーセントの利子がつけば、一〇〇万円は一年後一〇五万円になる。つまり、元本に、元本×利子を足せば算出できる。このケースでは、この五万円が時間価値となる。もし年利五パーセントの状態で、一〇〇万円を三年間置いておけば、複利計算で一〇〇万円は一一六万円弱になる（式は$100(1+0.05)^3 ≒ 1,157,625$）。

逆に、一一六万円弱の金が三年前には一〇〇万円の価値と同等だったとなれば、この場合、五パーセントの数値は割引率とよばれる（式は$115.8 ÷ (1.05)^3 ≒ 100$）。

私たちが投資を行うとき、投資した額を回収しないと損したことになる。ただ回収するのは将来なので、投資時点の額を将来に適用できない。投資した額が、将来も同等の価値をもつとは限らないからだ。だから時間価値を考慮する必要がある。そして投資額と、現在価値に換算した回収額を比較し、後者が投資額を上回れば、投資に値すると判断できるのだ。

私的収益率

次に収益率の計算に入るが、投資の主体や、メリットを享受する対象の範囲の定義によって、収益率の計算結果は変わってくる。ここでは矢野眞和（二〇一五）の分類と定義に則って、教育の収益率を三つに分類する。ただし矢野も述べているように、これらの収益率の計算方法は、ＯＥＣＤの統計に則ったオーソドックスなものである。

まず、私たち個人の立場から考えてみよう。個人の立場に立てば、高等教育を受けることで、社会的に望ましいとされる高収入を得られる職業に就ける可能性が高まる。その際、個人が支払うコストは、授業料や高等教育機関に通学することに付随する学習・修学費（教材費や通学費など）と、進学によって失われた（つまり進学せず就職していれば得られたであろう）収入にあたる機会費用となる。この両者の和が、投資額にあたる。

一方、現時点での賃金構造が維持されるという強い仮定を置けば、学校を卒業してから定年退職するまでの生涯得られる賃金も推測できる。ＪＩＬＰＴ（労働政策研究・研修機構）が刊行している『ユースフル労働統計』によれば、二〇一四年現在、男性大卒（大学院も含む）

は生涯賃金が二億六〇〇〇万円を超え、女性大卒（大学院も含む）のそれは二億二〇〇〇万円弱だ。高卒の場合、男性では二億七〇〇〇万円弱、女性では一億五〇〇〇万円弱である。

ただしこれは賃金の総額であり、実際には税金が源泉徴収されている。したがって個人が得る私的利益は、賃金の総額から税金を差し引いた額となる。税金の計算は、簡便に、課税前所得から基礎控除と給与控除の合計一〇三万円を差し引いた課税所得をもとに計算する。

所得税の税率は累進課税制度をとっており、課税所得が増えると税率が上昇する。ここでは厚生労働省の『賃金構造基本調査』から性、学歴、年齢段階別の課税所得を計算し、それをもとに生涯納める所得税を割り出すことができる。さらに住民税は課税所得の一割なので、その分も考慮して総所得から差し引く。

ちなみに正規就業者であれば社会保険料もあらかじめ給与から天引きされているが、税金は社会全体に還元されるのに対し、社会保険は将来の自分の生活を保障するものであって、天引きされるにしても、全く性質の異なるものだ。社会保険料は将来の自分の生活に返ってくるともいえるので、生涯所得から社会保険料を差し引くことはしない。

こうして手元に残る生涯所得が、学歴別に計算できる。その生涯所得の大卒者と高卒者の差が、大学進学の私的便益である。

私的収益率は、この私的便益（仮にDとおく）が、初期投資と同じになる割引率のことだ。仮に二二歳で大学を卒業して定年が六〇歳であると仮定すれば、その人は三八年働くことになる。つまり三八年で、投資額を取り戻すと考える。

三八年間継続して就業し、生涯所得を得ると考えたとき、一年あたりの私的便益はD÷38だ。これを仮にBとおくと、一年ごとにB円を回収するので、三八年たてば回収額はD円になる。ただ毎年B円回収できるといっても、B円の時間価値は異なる。たとえば、一年後のB円の価値は、rを仮に割引率（％）と考えると、B÷（1+r）になる。二年後は、B÷$(1+r)^2$だ。これを同様に、三八年分計算する。この三八年分の総和が、Dと同じ値になるようなrが収益率である。Excelに搭載されているIRRという関数を用いれば、rは瞬時に計算できる。

社会的収益率・財政的（公的）収益率

私的便益はわかりやすいが、社会的便益をどう計算するのかはなかなか難しい。しかし高等教育に限らず、教育の便益は、教育を受けた本人のみに還元されるわけではない。高等教育機関で生み出された知が技術革新を生み出し、それが経済発展につながるとか、所得が増加することで税収が伸びるなどの便益をもたらすのは明らかである。

高等教育運営のために社会が支払うコストは、個人が支払った授業料・修学費や機会費用と、政府が高等教育機関を運営するのに費やした（学生一人あたりの）コストの合計だ。一方、社会的な便益は、税引き前の（つまり額面通りの）賃金の総額と見なせる。個人は社会の一

	投資	便益
私的収益	個人教育費	生涯手取り総賃金
社会的収益	個人教育費＋ １人あたり政府教育費	税引き前の（額面通りの）生涯賃金
財政的収益	１人あたり政府教育費	生涯納める税金総額

表４－１　教育の３つの収益の関係
※投資欄の教育費は、在学中に支払ったものの総額。大学であれば４年間のもの

員であるし、その個人が生み出した所得の合計は国民全体の所得である。これも私的収益率と同様、生涯賃金を学歴別に計算し、その学歴間の差を求める。同様の式で導き出された割引率が、社会的収益率と解釈できる。

そして教育は政府に対しても利益をもたらす。高等教育については、その機関運営に一定の額が支払われている。日本の私学経営は授業料に大きく依存しているが、一部は政府による補助金（いわゆる私学助成）が使われている。国公立大学では、政府による支出の割合が私立よりずっと大きい。これが政府の高等教育への投資と見なせるので、生徒一人あたりの額を算出し、四年分の総投資額を求めることができる。

一方、大卒者は高卒者より賃金が高い傾向にあり、累進課税制度もあって、生涯に納める税額も大卒者の方が多くなる。つまり高学歴化は税収を伸ばすことにつながり、政府にとって高等教育は一定の利益をもたらしていると見なせる。そして、政府の負担（投資）と、生涯納入税額の大卒と高卒の差を求め、同様の計算をすることで、割引率が計算できる。こうして求められたのが、財政的（公的）収益率と見

	社会的収益率	私的収益率	財政的収益率
国立・男	6.2%	8.5%	2.0%
国立・女	8.3%	8.3%	3.3%
私立・男	8.2%	6.5%	12.8%
私立・女	10.9%	6.2%	17.8%

表4-2　正味現在価値法（NPM）に基づく大学の収益率（2014年）
※生涯賃金はJILPT『ユースフル労働統計』。授業料・修学費は『学生生活調査』。機会費用、学歴別賃金と納税額の計算は厚労省『賃金構造基本統計調査』。大学の政府費用は財務省「文教及び科学振興費について」。学生1人あたりの政府予算算出にあたっては「学校基本調査」。課税所得は、課税前所得から基礎控除と給与控除103万円を引いたもの。いずれも2014年のデータを使用し計算している

なせる。
以上の三つの教育による収益の関係を整理したもの、が表4-1である。

収益率はどうなっているのか

以上の説明に基づいて、筆者が計算した収益率を表4-2にまとめた。先行研究の計算結果とは若干数値が異なっているが、依拠する資料（データ）の年度や、男女別にしていることなどによるもので、数値の大きさ自体に特段の違いはない。重要なのは、国立大学は私立大学に比して私的収益率が高く、反対に社会的収益率や財政的収益率は私立大学の方が高いという関係が成立していることだ。

これは何を意味するのか。収益率が高いということは、投じた資源に対する見返りが大きいということだ。国公立大学は私立大学に比して相対的には授業料が安いため、その分個人にとっての見返りが多い。だから私的収益率が高くなる。

一方、私立大学の社会的収益率や財政的収益率が高いのは、

私立大学の運営費の多くが授業料で賄われており、相対的に社会的資源（税金）の投入される割合が低いことの反映だ。社会的には少ない投資しかしていないにもかかわらず、実際には社会が大きな便益を受けていることを意味する。

もちろん個別には、大卒者より収入の多い高卒者を探すのは困難ではない。そして大学を卒業しても、それに見合った収入が得られず、投じた資源に対する見返りを回収できていない人もいる。繰り返しになるが、この計算はそうした個別事情は考慮していない。あくまで、全体の平均的な傾向をみたものだという点に注意されたい。

正味現在価値法による収益率は、将来の学歴別賃金の構造は未知なので、現時点での賃金構造が将来も維持される前提で計算している。これは現実に照らせば、かなり強い仮定であり、将来その前提条件が満たされなくなる可能性はもちろんある。また、高卒者と大卒者の賃金格差が、現状のまま将来も永続的に維持されるとは限らない。

ただ、こうした限界を指摘するのは、難しいことではない。欠点のみをあげつらうだけでは、生産的な議論をもたらさない。目安とはいえ、どれくらいの便益が得られるのか、それを具体的な数値で示すことの意義は大きい。こうした試算のベースがあって初めて、私たちは実感をもって便益をイメージできるし、それをもとに将来に向けた議論を展開できる。

さらに、収益率の計算は経済的な側面に限定した効用だ。大学の効用は、経済的な側面に限定されないだろう。大学は教育だけではなく、研究機関でもある。そこで生み出された知識や技術が、社会全体に大きな利益をもたらすことも十分ある。大学の知は、世の中の多様な業界や産業において活用され、また世間で利用されているはずである。

国際比較からみた日本の高等教育の経済的便益

大学に限定されないが、高等教育全般の内部収益率については、OECDが国際比較できる統計表を公表している。それをまとめたのが表4-3である。

内部収益率は正の値なので、データ上、高等教育には投資に見合う便益があると解釈できる。日本の特徴は、私的収益率が低く、財政的収益率が高いこと、また女性の私的収益率が非常に低く、（この表ではわからないが）進学の私的利益の男女差がもっとも大きな国として、OECDの報告書には特筆されている。

私的収益率が低い大きな要因は、私的に支払うコスト（授業料など）が高いためである。また高校卒業者の賃金が相対的に高く、大卒者との賃金差が小さい場合も、機会費用が高くなるので収益率が下がる原因となる。オーストリア、デンマーク、フィンランド、ルクセンブルク、スロベニアの五カ国は、進学の直接費用はゼロであり、かかった私的コストは進学により放棄された所得、つまり機会費用のみである。それに対して、日本はアメリカと並んで、私的に支払うコストがもっとも多い国である。高い私的コストを支払っても、計算上、日本の高等教育には進学のメリットがあるということになる。

	男・私的	女・私的	男・財政的	女・財政的
オーストラリア	8%	9%	9%	10%
オーストリア	8%	6%	7%	4%
カナダ	10%	13%	8%	7%
チリ	13%	12%	5%	1%
チェコ	17%	11%	27%	22%
デンマーク	8%	7%	6%	4%
エストニア	8%	14%	2%	3%
フィンランド	11%	9%	8%	8%
フランス	11%	9%	8%	8%
ドイツ	12%	7%	9%	6%
ハンガリー	24%	15%	17%	11%
アイルランド	21%	20%	19%	15%
イスラエル	19%	15%	14%	8%
イタリア	11%	8%	9%	6%
日本	**8%**	**3%**	**16%**	**21%**
韓国	10%	9%	7%	4%
ラトビア	10%	10%	5%	4%
ルクセンブルク	14%	14%	7%	6%
オランダ	7%	6%	11%	10%
ニュージーランド	8%	9%	7%	6%
ノルウェー	7%	9%	5%	4%
ポーランド	21%	17%	15%	12%
ポルトガル	16%	16%	12%	10%
スロバキア	14%	8%	8%	5%
スロベニア	15%	13%	13%	10%
スペイン	9%	13%	6%	5%
スイス	-	-	4%	2%
トルコ	23%	26%	10%	11%
アメリカ	13%	11%	12%	7%
OECD 平均	13%	11%	10%	8%

表4-3　高等教育機関の私的・財政的（公的）内部収益率
出典：OECD（2017）pp.129-132 より

財政的収益率をみると、日本はOECD平均を上回っており、特に女性で著しい。その理由は、日本政府が、相対的に少ない支出しか行っていないからである。にもかかわらず、高等教育修了者の納める税で、わずかな政府の投資には十分すぎるほどの税収増（リターン）

が期待できる、ということだ。

このような国際比較のデータをみると、日本の高等教育の公的負担をもう少し増やし、授業料水準を下げることを期待するのは、一定の根拠があるといえよう。

3　大学進学への障壁

重くなる一方の大学授業料負担

さて、大学進学率は停滞気味とはいえ、高卒者の半数以上の進学先は大学だ。以前ならば大学に行けなかったような社会的背景をもつ高卒者にとって、大学進学の実質的な機会は増加したはずだ。裏を返せば、家計に余裕があるわけではないものの、社会環境の変化で進学を考えるようになった高卒者たちが、大学進学率の上昇に貢献した。そのことが、大学進学による家計負担が増加したかのように感じさせる原因になったことは考えられないか。

図４－１は、国立大学と私立大学の授業料（私大については文系・理系別）の実質的な額の推移を示したものである。国立大学については、二〇〇五年から据え置かれているが、私立大学の授業料は文理を問わず上昇し続けている。

国立大学の授業料は一九七〇年くらいまで、極めて低い水準に保たれてきた。しかしその後、急速に上昇している。第二次ベビーブーム世代まで、国立大学と私立大学文系の授業料

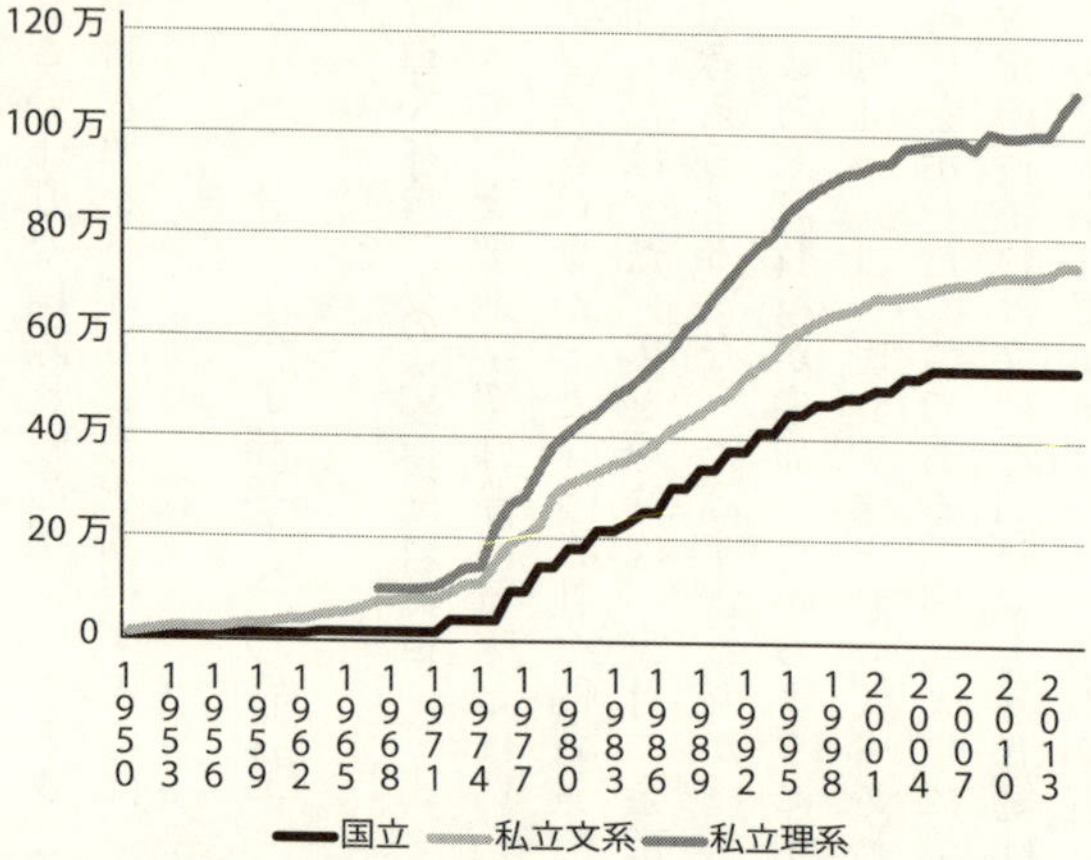

図4-1　大学（平均）授業料の推移（円）　出典：「小売物価統計調査年報（東京区部）」

の差は必ずしも大きくなかったのだが、一九九〇年代以降拡大傾向にある。また私立理系は以前からもっとも高い水準にあるが、増加のペースも速い。

しかしこれは金額の額面そのものの推移を示しただけなので、インフレの影響などは考慮しておらず、家計への実質的負担は不明である。そこで次の図4-2をみてみよう。この図は二人以上勤労者世帯における平均所得に対する授業料の割合の推移を示したものである。

細かな変動はあるが、一九七〇年代半ばまで、国立大学の授業料負担は低水準で推移していた。しかし日本の財政事情の悪化により、また私学助成制度の導入で「私立大学との授業料の格差を縮小し、私立大学との競争の不公平感を減らし、大学教育による受益者に一

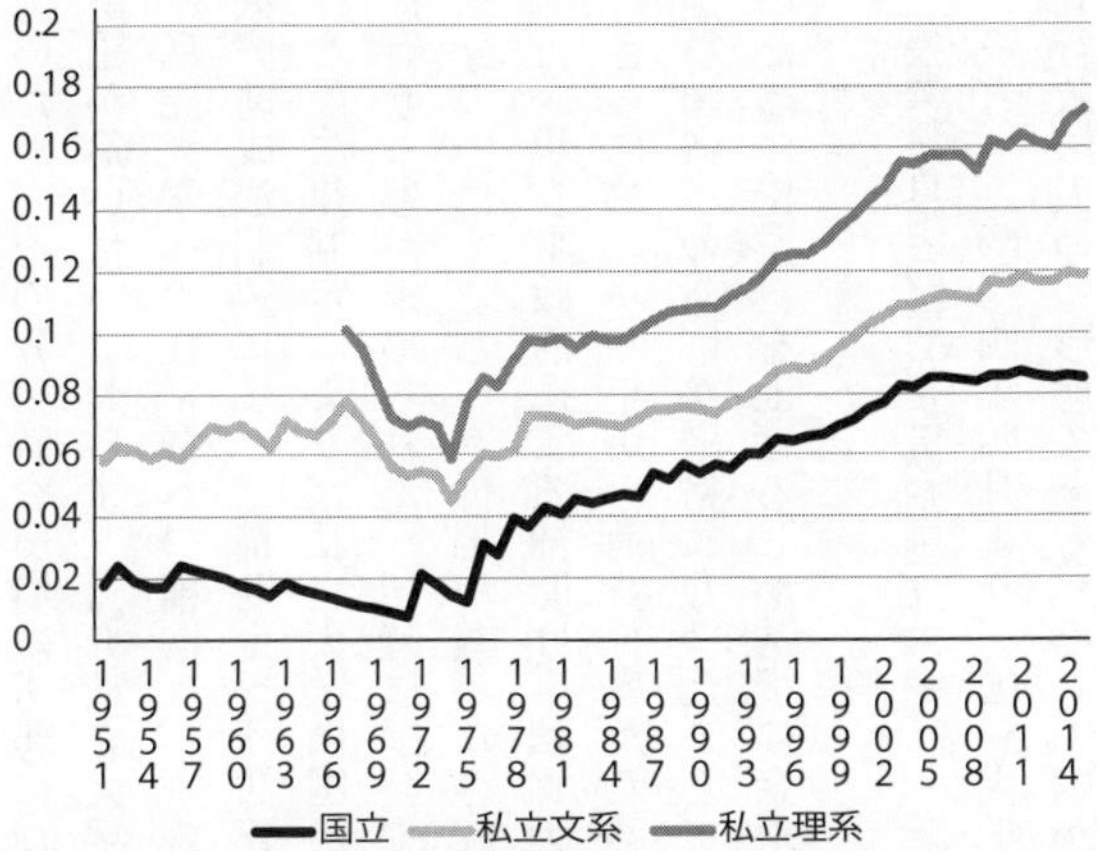

図4-2　家計に占める授業料の割合　出典：「小売物価統計調査年報（東京区部）」および「家計調査年報」。「家計調査年報」は2人以上勤労者世帯に限定し、月平均収入に12をかけた値

定の負担を求める」という政策のもとで、国立大学でも家計に占める負担は上昇してゆく。私立文系は（七〇年代半ばに一時期、負担が減った時期があるが）九〇年代まで同水準で推移し、その後は負担が上昇傾向にある。私立理系は、上昇のタイミングが文系より少し早い。

国立大学の授業料は据え置かれているが、そもそも家計収入が上昇していないので、負担軽減にはつながっていない。こうしてみるとわかるように、二〇〇〇年代に入って以降の国立大学の授業料負担は、一九八〇年代以前の私立文系の家計負担を上回っている。言うまでもなく、私立大学の授業料負担はそれ以上であり、過去にない水準に達している。

私立大学の収入は、実際は多くを授業料

に負っている。そのため、多くの私立大学は定員を水増しするなどして授業料収入を増やしていたが、その分、教育環境は劣悪になる傾向にあった。ただ高等教育への需要増に対し、供給が追い付いておらず、国も私立大学の定員水増しを黙認してきた。

私立大学への経常費への補助は、一九七〇年から行われているが、一九七五年の私立学校振興助成法制定により、補助金への法律的根拠が与えられた。

この法律制定により、私立大学は国からの補助金を受け取る代わりに、定員の管理を厳格に行うことが求められた。同時に国会では、国による補助を、できるだけ速やかに経常費の二分の一にするという付帯決議がなされた。ところが、その付帯決議は守られることはなかった。現在も政府による補助は、私立大学運営の経常費の一割程度に過ぎない。

さらに二〇一四年から消費税率が八パーセントに上昇し、光熱費も増加している。そして定員超過への対応が厳格になったことで、収入源の限られている私立大学は、安定した経営のために授業料を上げるしか選択の余地がなかったのである。

授業料負担の面からみた国立大学

一方、二〇〇四年四月より、国立大学は「国立大学法人」となった。国立大学法人は、独立行政法人の一形態である。そして国が、独立行政法人に付託した業務を運営するために交付されるのが運営費交付金である。

総務省の説明によれば、独立行政法人制度は、各府省の行政活動から政策の実施部門の一定の業務・事業を分離し、これを担当する機関に独自の法人格を与え、業務の質の向上や活性化、効率性の向上、自律的な運営、透明性の向上を図ることを目的としている。

国立大学法人の収益は、大学によりかなり異なる。医学部を抱える大学であれば、附属病院の収益の割合が大きくなる。旧帝大のような銘柄大学であれば、比較的寄付金や競争的資金などの外部資金の調達に有利だろう。しかし（医学系以外の）単科大学や地方国立大学では、そうした収益にも限界があり、運営費交付金や学生納付金（授業料）の割合が相対的に大きくなる。

附属病院の収益は、その運営に使われるので、ここでは分けて考える。学生納付金や寄付金、外部資金は個々の国立大学による自己収入である。それに対して、国の一般会計からは運営費交付金が交付される。トータルでみれば、国立大学の（附属病院を除く）収益の約半分は、運営費交付金で占められている。

運営費交付金は、国立大学が組織運営の効率化を目的として設置された独立行政法人であり、また各国立大学による自己収入を増やすインセンティブを高めるという名目から、効率化係数に基づき毎年一パーセントずつ削減されている（附属病院は、経営改善係数に基づき、運営費交付金は毎年二パーセント削減されている）。このことが、国立大学の経営を大きく圧迫している。その結果、定年退職教員が出ても、その後任を補充できないこともめずらしくない。

国立大学が果たしてきた社会的機能については、いろいろな形で論じられるだろう。本書では、大学教育機会の平等という点から一つのデータを提示する。

国立大学の授業料が近年上昇し、しかもその負担額がかつての私立文系を凌《しの》ぐ水準になっているとはいえ、相対的な授業料の水準は低い。したがって授業料の高い私立大学に進学するのは難しいから、国立大学を選んだ、という話はよく耳にする。すると、国立大学に合格しなかったので進学を諦めたケースも存在するだろう。実際に、国立大学は、大学進学の機会を不利な立場の人たちに提供してきたのだろうか。これはデータで裏づけられるのか。

なお、地方公共団体が設立主体となっているのは公立大学だが、授業料の観点からは国立大学と共通点が多い。法人の性質はさまざまなので、ここでは詳細を検討しないが、地元高校生の進学機会を保障するという点では、国立大学と類似した機能をもつ。以下では、公立大学も国立大学の中に含めて分析している。

さて、この課題を確認するには、国立大学出身者と私立大学出身者の出身階層を単純に比較すれば済むというわけではない。なぜなら、国立大学出身者の中には、国立大学に合格したから進学したが、もし私立大学しか受からなかったら進学しなかったと思われる人々が存在していることになるからだ。

つまり、大学進学にあたって国立か私立かという選択は、ランダムに行われているわけではない。国立大学を選択する人は、(出身階層が低いなどの) 大学進学しにくい背景や性質をもっているのではないか、と仮定できる。

この検証には、高度な分析が必要だ。ここでは、実際の個票データを用いて、二変量プロビット・セレクション・モデルという方法で分析を行った。具体的には、「大学進学をしたか否か」を予測するセレクション・モデルと、「私立ではなく国立大学を選択したのか」を予測するアウトカム・モデルを同時に推定する。ただ、方法の理解は難しいので、ここでは分析結果を読み取ってほしい。

もし仮定が正しければ、現実に大学進学しなかった人の中には「国立大学に受かっていれば進学しただろう」という人が含まれているはずだ。これは潜在的な国立大学選択者といえるが、実際には進学しておらず、データ上に表れない切断 (truncated) データである。

そう考えると、セレクション・モデルでは、潜在的な大学進学者も、大学非進学と見なして分析していることになる。ただ、その潜在的大学進学者は、実際のデータから捕捉できない。もともと大学進学には、高階層に有利などの一定の傾向がある。だが、潜在的大学進学者は何らかの事情で大学進学を断念している。したがって、大学進学の有無に関するセレクション・モデルでは、階層的影響がより強調されるはずである。

一方でアウトカム・モデルは大学進学者のみを対象にして、国立か私立かの選択を検討している。その国立大学進学者のサンプルには、「国立大学に受からなかったら進学自体を諦

	男性（1）			男性（2）			女性（3）			女性（4）		
アウトカム（国立=1, 私立=0）	係数	S.E.		係数	S.E.		係数	S.E.		係数	S.E.	
1985-94 生（vs.1935-44 生）	-.043	.110		-.161	.098		-.007	.136		-.326	.115	**
1975-84 生	.056	.087		.068	.077		-.048	.106		-.177	.088	*
1965-74 生	-.024	.089		.032	.078		.007	.110		.012	.087	
1955-64 生	-.088	.090		-.063	.079		.015	.132		.181	.106	+
1945-54 生	.105	.090		.130	.078	+	.041	.152		.322	.120	**
父専門職・管理職（vs. 父事務）	.090	.122		-.023	.109		-.044	.163		-.154	.132	
父自営・農業	.097	.136		.291	.118	*	-.001	.194		.097	.153	
父熟練工	-.227	.200		.006	.171		.147	.238		.196	.195	
父半熟練・非熟練	.297	.159	+	.471	.138	**	-.040	.242		.200	.193	
父不在・無職	.179	.158		.231	.138	+	-.063	.213		-.037	.170	
父高等教育（vs. 非高等教育）	.012	.108		-.182	.099	+	-.098	.134		-.227	.110	*
母高等教育（vs. 非高等教育）	.090	.109		-.029	.098		.081	.132		-.150	.110	
15 歳時財産スコア	-.033	.022		-.077	.019	***	-.084	.036	*	-.109	.028	***
東北・北海道（vs. 関東）	.450	.141	**	.485	.123	***	.849	.211	***	.744	.172	***
北陸・甲信越	.168	.167		.285	.145	*	1.076	.220	***	.841	.186	***
東海	.141	.143		.142	.126		.762	.192	***	.574	.160	***
近畿	.409	.125	**	.315	.112	**	.268	.193		.188	.153	
中国・四国	.362	.160	*	.466	.138	**	.732	.198	***	.583	.162	***
九州・沖縄	.668	.138	***	.656	.121	***	.914	.201	***	.759	.166	***
本 100 冊以上（vs.100 冊未満）	.124	.095		-.006	.087		.274	.121	*	-.019	.105	
高校・全員進学（vs. 進学半分未満）	.884	.130	***	.530	.115	***	.401	.216	+	.094	.163	
高校・半分以上進学	.333	.128	**	.173	.104	+	.267	.215		.062	.159	
私立高校（vs. 公立高校）	-.441	.102	***	-.230	.089	*	-.532	.141	***	-.288	.113	*
定数項	-1.526	.169	***	-.647	.173	***	-1.498	.276	***	.065	.279	
セレクション（大学進学=1, 非進学=0）												
1985-94 生（vs.1935-44 生）				.328	.076	***				.605	.073	***
1975-84 生				-.036	.059					.253	.057	***
1965-74 生				-.177	.056	**				-.046	.055	
1955-64 生				.063	.058					-.285	.062	***
1945-54 生				-.181	.056	**				-.538	.068	***
父専門職・管理職（vs. 父事務）				.188	.090	*				.190	.087	*
父自営・農業				-.544	.082	***				-.185	.091	*
父熟練工				-.512	.110	***				-.147	.119	
父半熟練・非熟練				-.564	.094	***				-.338	.107	**
父不在・無職				-.211	.101	*				-.038	.106	
父高等教育（vs. 非高等教育）				.511	.087	***				.358	.074	***
母高等教育（vs. 非高等教育）				.400	.088	***				.401	.073	***
15 歳時財産スコア				.108	.014	***				.059	.016	***
東北・北海道（vs. 関東）				-.287	.088	**				-.198	.099	*
北陸・甲信越				-.208	.099	*				-.068	.109	
東海				.029	.091					.028	.096	
近畿				.109	.087					.010	.090	
中国・四国				-.315	.096	**				-.004	.096	
九州・沖縄				-.243	.088	**				-.188	.099	+
本 100 冊以上（vs.100 冊未満）				.161	.073	*				.374	.066	***
中 3 成績上位（vs. 下位）				1.307	.076	***				1.184	.099	***
中 3 成績中位				.359	.073	***				.306	.098	**
定数項				-.687	.097	***				-1.686	.121	***
ρ				-.748	.058	***				-.787	.067	***
N(Uncensored)	1216			3096			695			3643		
N(Censored)				1216						695		

表4－4　国立大学選択のプロビット・モデル

※＋p<.10　* p<.05　** p<.01　*** p<.001　S.E. は標準誤差。モデル(1)(3)は大学進学者を対象としたプロビット、(2)(4)は二変量セレクション・プロビット。ρはアウトカム・プロビットとセレクション・プロビットの誤差相関。N はサンプルサイズ。15 歳時財産スコアは、表2－1の「財スコア」と同じ。データは SSM（2015 年調査）

めただろう」という人が含まれている。相対的に安い授業料の国立大学でなければ、進学する余裕のなかった人々である。

つまり、もともと大学進学する傾向をもった人と、国立大学を選ぶ傾向をもった人の性格は、逆（負）の関係をもっていると考えられる。実際にどうなっているか、八五ページ（表2-1）でも利用したSSMデータを用いて推定した結果が、表4-4である。

二変量プロビット・セレクション・モデルの推定結果

表の数値は係数と、係数の標準誤差からなる。標準誤差の右に印がついているものは、係数の誤差が小さく、信頼性のある値が推定されており、統計的に有意であることを示す。アウトカムとあるブロックの数値は、従属変数が国立大学を選んだか否かを推定するもので、1と3は、大学進学者のみをサンプルにして、通常のプロビット・モデルで推定したものだ。2と4は下のブロックのセレクション・モデルと同時推定した二変量プロビット・モデルの結果である。セレクション・モデルでは、大学に進学したか否かが推定されている。

係数の値が正で有意ならば、従属変数は1の値をとりやすい。つまりアウトカムの式であれば国立大学を選びやすく、セレクションの式であれば大学に進学しやすいことを示す。係数が負に有意であれば、その逆（進学しにくいこと）を意味する。

この結果からは、興味深いことがわかる。アウトカム式の係数の1と2を比較してみよう。

大学進学者のみを選んで分析した1では、ほとんどの階層変数の係数は有意になっていない。地域でみると、基準となる関東に対して東北・北海道や西日本、また進学校や公立高校出身者で国立大学進学傾向の強さがわかるのみだ。

ところが大学進学・非進学のモデルを同時推定した二変量プロビットの結果をみると、いくつかの階層変数が有意になっている。父職が事務である人を基準に考えると、自営・農業や、半熟練・非熟練のようなブルーカラー層で国立大学を選ぶ傾向がある。父高等教育の係数は負なので、父学歴が高いと国立大学は選びにくいことを意味する。財産スコアも負で有意なので、家庭の財産・資産が少ないほど、国立大学を選ぶ傾向があるようだ。

女性も、男性ほど明瞭《めいりょう》ではないが、似た結果になっている。二変量プロビットの結果をみると、父の学歴が高かったり、財産が多いほど、国立大学を選択しなかったようだ。

セレクション式の結果は、常識的なものだろう。男女とも、高い階層の出身者ほど、進学する傾向があることは明らかだ。

ここで注目したいのが、ρ《ロー》の行の数値である。ρはアウトカム式とセレクション式の誤差相関である。つまり国立大学を志向する人の性質と、大学進学した人の性質の相関を示している。男女とも負の値で、統計的に有意である。つまり国立大学を選ぶ人は、大学進学しない傾向のある性質の人だと、ここから示される。

表4-5は、サンプルを生まれた年代（出生コーホート）別に分けて、同じように二変量

男 1935-54 生	-0.957	-0.680
男 1955-74 生	-0.871	-0.402
男 1975-94 生	-0.898	-0.478
女 1935-64 生	-0.965	-0.416
女 1965-94 生	-0.895	-0.555

表4－5　セレクション・モデルとアウトカム・モデルの誤差相関（ρ）（95％信頼区間）

※データはSSM（2015年調査）。入れた独立変数は表4－4と同じ。女性については大学進学者の数が年長コーホートで少ないため、コーホート区分を男性と変えている

プロビット・セレクション・モデルを推定し、ρを求めたものだ。いずれも統計的に有意であり、負の値をとっている。

つまり国立大学を選ぶ傾向の人と、大学進学する傾向の人とは、どのコーホートも安定して逆向きの性質をもっている。階層変数だけではなく、地域変数が有意になっている点も見逃せない。国立大学は一つの都道府県に必ず一つ存在し、地方の高校生にとって重要な進学機会を提供してきた。私立大学は大都市圏に集中する傾向があるため、関東と比較して（近畿を除いた）地方で国立大学を選択する傾向が強かったことが明瞭に表れている。

このように、全国に存在していた国立大学により、大学進学の機会が得られた人が一定数いたことは確実だと考えられる。したがって機会の平等に、国立大学が貢献してきたことは間違いないであろう。

それだけではない。統計分析を行うほどケース数は多くないため、明瞭なエビデンスで示せないが、二〇〇〇年代に入り、旧帝国大学ではない地方国立大学卒業者から、ノーベル賞受賞者が複数出ていることには、もっと注意が払われてよい。日本全国に、一定の水準の研究活動が可能な国立大学が存在することで、日本

の科学研究が下支えされてきたのだ。多くの場で指摘されているが、運営費交付金の削減で、地方国立大学の研究環境は半ば崩壊状況にあり、今後同様の成果を期待するのは難しくなるだろう。日本の科学研究の前途は、すでに非常に厳しい状況に陥っているといわざるをえない。

4 大学進学の実益

ポジティブ・セレクションとネガティブ・セレクション

収益率の計算から、大学進学は、日本でも投資に見合った合理的な選択であることはわかった。ただ進学の便益は、誰にとっても同じなのだろうか。正味現在価値法による収益率は、全体の平均なので、便益の異質性を検討できない。

行きたい人や、能力のある人だけが大学に行けばよい。そうでなければ、結局勉強にもついていけないし、大した成果もあがらないだろう。誰でも進学できるような仕組みは、非効率的で社会的な無駄ではないか。このような主張は、日本だけではなくアメリカでもなされており、実証的な検証が行われている。

その中で特に注目を浴びたのは、ジェニー・ブランドとユー・シェによる、経済的便益の異質な効果の検討である。

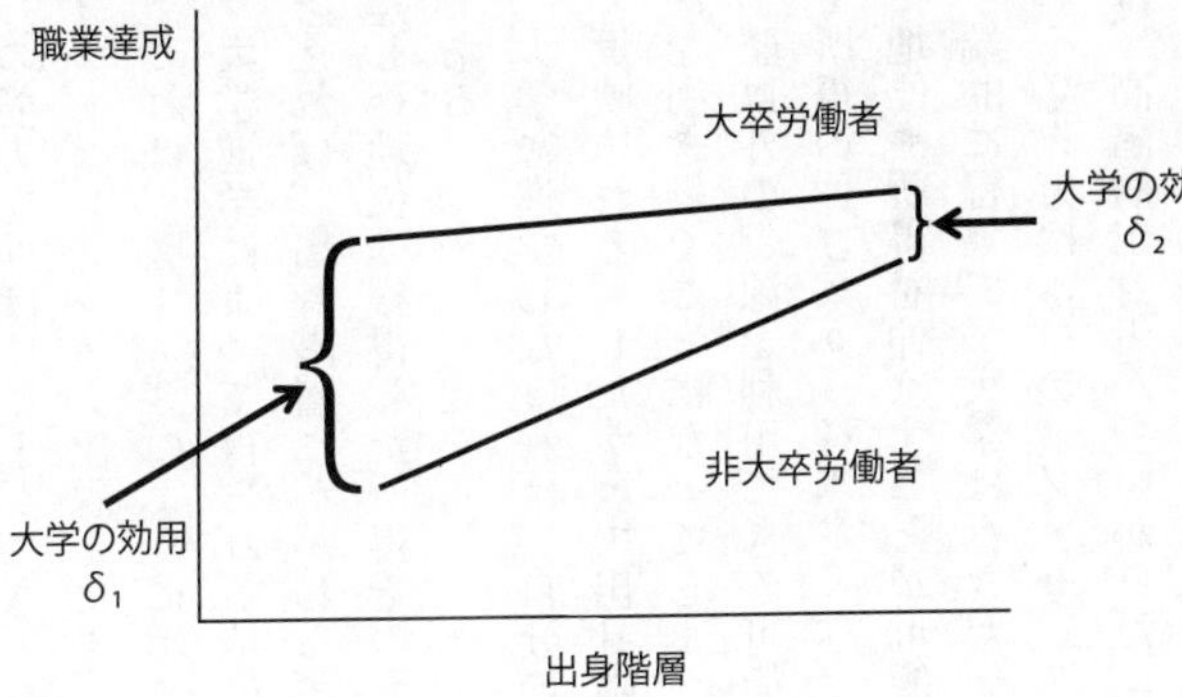

図4－3　ポジティブ・セレクションとネガティブ・セレクション　出典：Brand and Xie（2010）

繰り返しになるが、統計的データで推定される効果は、サンプル全体の平均である。しかし実際には、大学教育の効果にも個人差がある。ただ、その効果はバラバラに散らばっているわけではなく、一定の傾向があるかもしれない。その傾向を発見できないだろうか。

大学教育の便益に関しては、二つの考え方がある。一つは、もともと大学に進学するような傾向をもつ（出身階層が高い、成績がよいなどの）人は、大学教育によって一層その能力を伸ばせる。だから進学の便益を、より多く獲得できる、という考え方である。この考え方に立てば、能力ある人々の進学を奨励し、投資するのが有益で、社会にとっても効率的だ。これをポジティブ・セレクション仮説とよぶ。

もう一つは全く逆だ。大学に進学する傾向をもたない（出身階層が低い、成績がよくないなどの）人を進学させれば、進学しない場合に比べて、彼ら彼女らの能力を伸ばすことができ、社会的なメリットが大きい、という考え方だ。これをネガティブ・セレクション仮説とよぶ。

これは、図4-3のように示すことができる。

大学進学によって得られる地位や所得は、大学卒という学歴そのものが評価されるためと考えれば、出身階層にかかわらず大体同じになるだろう。便益として計算すべきなのは、到達した地位や獲得した所得そのものではなく、大学進学しなかった場合と比較したδ《デルタ》の部分である。

大学に進学しなければ、自分の学歴をアピールできないので、地位や所得は出身階層が強く反映される。したがって出身階層が低くて、かつ高学歴を達成できなければ、結局低い階層を引き継ぐことになってしまうだろう。反対に、高い階層出身者は、進学できなくても、学歴以外の資源を利用できる可能性がある。だから高階層出身者にとって、進学による地位や所得の伸び（δ_2）は大きくない。それに対して低階層出身者は、δ_1のように、進学によって地位や所得を伸ばすことが可能だ。

端的に言って、大学は行きたい人だけが行けばよい、能力のある人だけが行くべきだ、という考え方はポジティブ・セレクション仮説と親和的である。進学に積極的な行動をとるのは、高階層出身者が多いからだ。一方、より多くの人に大学教育を受けさせる方が、個人はもちろん、社会全体の便益も大きい、と考えれば、ネガティブ・セレクション仮説と親和的である。高い教育を受けて所得が増えれば、税収増も期待でき、社会全体の利益になると考えられるからだ。

ブランドとシェは、大学進学による所得への因果的影響をみるため、反実仮想的な枠組みに基づく傾向スコアを用いた層別解析を行った。そして、大学進学について、ネガティブ・セレクション仮説が支持される、と結論づけた。大学進学は、大学に行かない傾向のある人（出身階層が低い、成績がよくない、など）ほど、実質的便益が得られる、としたのである。

日本の大学進学の経済的効用

日本はどうなのだろうか。筆者は、ブランドとシェが行ったのと同じ方法で、日本のデータで分析を行った。筆者が使用したデータは、これまでの分析でも利用したSSM調査と、東京大学社会科学研究所の実施したパネル調査JLPS（Japanese Life Course Panel Survey）のデータである。いずれのデータを用いても、以下のような結果が導き出せた。

まず、大学進学の傾向スコアで条件を統制した後でも、大学進学独自の経済的便益は存在していた。これは全体的な平均だが、大学教育を受けない場合に比べて、受けることで実質的に所得は上がっているという、機能主義と矛盾しない結果が導かれた。

ただ、効果の異質性を検討したところ、ブランドやシェがアメリカのデータ分析で見出したような、ネガティブ・セレクションの傾向は見出せなかった。女性は明確な傾向は存在せず、男性は逆に、ポジティブ・セレクションの傾向が存在した。

しかし、この結果には留保が必要だ。ブランドとシェが使用したアメリカのデータと、筆者が分析した日本のデータは、性質が異なっている。彼らが用いたアメリカのデータは二つある。いずれも非常に有名なパネル調査で、教育に関連する分析でしばしば利用されるものだ。一つはウィスコンシン縦断調査（Wisconsin Longitudinal Study, 1957）、もう一つはNLSY-1979（National Longitudinal Survey of Youth, 1979）である。

この二つの調査は、特定の出生コーホート（一定期間に生まれた集団）に焦点をあてたものだ。ブランドとシェも論文中で断っているが、一般に年齢が増すとさまざまな人生経験を積むので、それらの経験も賃金に影響を及ぼす。つまり、加齢によりさまざまな人生を歩むため、個人差が拡大する現実がある。日本の調査は、調査サンプルに、年齢層によってさまざまな要因を抱えた幅広い出生コーホートが含まれている。

もし出生コーホートを狭く限定しておけば、サンプルの年齢間のばらつきという要素は考慮する必要はなくなる。しかし日本では、特定の狭いコーホートにターゲットを絞り、長期に追跡した大きなサンプルサイズの調査データは、ほとんどない。厚生労働省の実施している「二一世紀出生児縦断調査」は、これらのアメリカの調査に近い設計になっている。だが、教育の所得や就職への効果を検討できるほどの時間は経過しておらず、検証には時期尚早だ。

JLPS調査のサンプルの年齢幅は二〇歳分だ。さらにSSM調査（二〇一五年度）では、この分析を行った際に対象者を二五～五五歳に絞ったものの、やはり三〇歳分の幅がある。つまり年齢幅が広く、それだけサンプルに多様な要因が潜んでいる可能性がある。だから幅広い年齢層がサンプルに含まれている影響をコントロールすることは難しい。これらのデータは、トータルでは数千のサンプルがあるが、狭い出生コーホートに絞って分析しようとすると、信頼できる分析が可能なサンプルサイズは確保できない。

仮に、教育が機能主義的な影響力をもつとしても、就職して年数が経過すれば、職場経験が多くなり、賃金に及ぼす教育の直接的な影響は減ると思われる。

大卒初任給と高卒初任給を比較すれば、一般的に前者が高いが、それは教育の実質的な効果を評価している証と解釈できる。ただ高卒者は、大卒者より最低四年早く就職している。つまり大卒者が就職する際には、最低四年分長い職務経験年数がある。この四年分の職務経験が評価され、多くは大卒初任給より高い賃金を得ているだろう。

しかし学歴別の昇給ペースをみれば、高卒者より大卒者の方が速い。年齢が増すにつれ、どこかで大卒者の給与が高卒者の給与を抜き、最終的に生涯賃金は大卒者が多くなる。具体的なメカニズムは必ずしも明らかではないが、大学の教育内容が直接的に影響している、というよりは、大学教育という基礎の上に職場で学んだことが蓄積されて相乗効果を生み、賃金上昇のスピードを上げていると解釈できよう。いずれにしても、相対的に高齢の層がサンプルに含まれていると、職場経験年数の賃金への影響を無視はできない。さまざまな年齢層がサンプルに含まれていれば、その分解釈が困難になる。

さらに女性は結婚、出産による仕事の中断や、結婚後にパートタイム労働者となる例があり、年齢が高くなるほど、教育そのものの影響を見出すことは困難になるだろう。

もう一つ、ブランドとシェが強調しているのは、傾向スコアを計算する際に、本人の成績や能力、親や教員の励ましや関与の程度、本人の大学進学に対する価値観という社会心理的要因などを考慮する必要があるということだ。なぜなら、これらの要因は、大学進学の有無に影響があると考えられるからだ。傾向スコアを用いるのは、余計な要因の影響を取り除き、本来みたい処置の純粋な効果を確かめるためである。しかし大学進学に影響がある変数を考慮しないで傾向スコアを計算すると、その変数の影響が除かれないので、純粋な効果をみるという目的が達成されないのだ。

実際、ブランドとシェは、社会心理的要因の変数を除いて傾向スコアを推定し、同じデータで同じ方法を用いて分析をすると、全く逆のポジティブ・セレクション仮説が支持されてしまうことを示している。

日本の社会調査データの多くは、学校経験について、自分の学校時代を思い出して答えてほしいという回顧情報で集められている。しかも、回答者の能力や成績の客観的情報は含まれていない。したがって傾向スコアを用いても、そうした能力、成績、社会心理的要因の影響を、完全に取り除けていない可能性がある。日本のデータ分析からは、大学進学の独自の効果は確実に見出されそうだが、効果の異質性については今後の研究結果を俟《ま》つべきだろう。

冒頭で述べたように、教育の意義は、本章で検討した経済的な効果に限定されない。もっとさまざまな波及効果が考えられる。一方で、教育は万能薬ではないし、あらゆる社会問題が解決できるわけでもない。しかし教育の果たしうる機能や役割を十分に検討せず、学校や教育に過大な期待をしたり、何か問題があれば教育が間違っている、という人はめずらしくない。

本書の最後で、そのような錯綜する議論を整理したい。もちろん教育に問題はあるだろうが、学校や教育だけに責任を押しつけるのでは、物事は解決しない。教育には、本章で検討したような効果があるにもかかわらず、なぜ私たちはそれをあまり実感できないのか。その原因を探ることから始めてみよう。

第5章 教育にできること、できないこと

1 グローバル社会における教育

市場化・標準化

教育学者アンディ・ハーグリーブスとアイヴァー・グッドソンは、一九七〇年代以降、約三〇年の英米における教育システムの変化を、以下の三つの時期に区分した。

まず、一九七〇年代半ばまでに、日本の団塊世代にあたる第二次世界大戦後のベビーブーム世代が、英米でも大量に教職に就いた。この時期は、人的資本論を背景に、教育投資が盛んに行われていた。アメリカでは、ジョンソン政権に始まる「貧困との闘い」のように、教育を通じて格差や不平等を縮小しようという機運があり、「楽観的で革新的」な時代だった。

続いて一九七〇年代後半から九〇年代半ばまでに、「複雑かつ矛盾に満ちた」時代が到来

した。経済成長が鈍化し、財政的な問題も露見して、それまで目標とされることの多かった社会民主主義に疑問が投げかけられる。同様に、理想的な教育のあり方への見直しが求められた。理想論と、現実への対処の矛盾の間で揺れ動き、苛まれたのがこの時代だ。

テストの結果だけではなく、ノートや作業工程をまとめたプリント、レポートなどを収集、整理し（これをポートフォリオという）、そのポートフォリオを通して教師と子どもが学習過程を見直すという、個別性を重視する学習方法が導入された。その一方で、画一的な基準で生徒を評価する標準テストが実施される。

矛盾はそればかりではない。教育現場では学際性（教科を横断する知識や考え方）が重要だと強調されながら、学習評価の基準は旧来の教科分類のままだった。生徒やニーズが多様化したのに対応しようとする一方、新自由主義的な競争主義が入り込み、外部評価という形で教員の自律性が失われてゆく。

最後に、一九九〇年代後半以降二〇〇〇年代にかけて、「標準化と市場化」の時代となる。理想主義的な時代の風潮は失われ、教育の現場は標準化されたテストで成績を上げることが求められる。教員は、そこでパフォーマンスを上げることに熱中し、専門職としての自律性は失われる。こうしたトレンドは、おおむね日本でも観察されている。

日本の置かれた状況

スキル・バイアス理論であれ、グローバル・オークション・モデルであれ、アメリカをはじめとする英語圏を中心にストーリーが組み立てられている。グローバル化が進む中で、日本人の英語力のなさが嘆かれ、英語教育がよく問題視される。端的にいえば、日本国内で生きていくうえで、英語ができないと食べていけないような切迫性がないから、日本人は英語が苦手だというだけであろう。

注目すべきは、日本の人口規模である。一九五〇年当時、日本の人口は八三〇〇万弱であった。これは中国、インド、アメリカ、ソ連に次いで五位である。開発が遅れていたり、社会が不安定だったりした中国やインドを除けば、実に三番目に多い人口を誇っていた。その後、一九六四年にインドネシアが、七九年にブラジルが台頭して日本は七位となる。しばらくこの順位を保っていたが、九七年にパキスタン、九九年にバングラデシュ、二〇〇二年にナイジェリアが日本を抜いた。二〇一八年初頭現在、日本の人口は第一〇位だが、メキシコに抜かれるのは時間の問題である。

GDPを決める重要な要素の一つとして、人口があるのは間違いない。実際、人口の急伸している社会や国では、投資が盛んであり、経済成長も著しい。

一方、日本は他のアジア諸国と比較して早い段階で近代化を遂げ、学校制度も確立していた。もちろん輸出産業によって経済成長を達成したことは否定できないが、日本社会は相対的に均質で、当時としては教育水準も高く、また人口の多さから内需も旺盛《おうせい》だった。日本という閉じた空間でも、ある程度マーケットが成立した側面もあった。

少子化により、多くの高等教育機関（特に大学）が経営危機に晒されるとの議論が以前からある。それらは、応募者や学生が日本人で占められる前提でなされているようにみえる。日本はすでに人口減少期に入っており、国内マーケットは縮小する。今は対応する方法の模索が続くが、皮肉にも、日本を成功に導いた経験やシステムが変革の足枷になっている。

たとえばグローバル社会に対応するため、大学でも英語での授業が推進されている。先に言及したが、高等教育は、海外からの学生の受け入れや送り出しという点でも、比較的国境の壁の取り払われやすい分野である。特に日本は国際化対応に遅れている（海外から学生や教員をあまり受け入れていない）とされ、トップレベルと目される大学では、多種多様な改革が進められている。

一連の改革が妥当か否かの判断は別として、近隣アジア（中国、韓国、シンガポールや香港など）の高等教育機関に比して対応が遅く見えるのは、相対的に日本の大学は歴史が長く、また社会に根付いているため、システムを大胆に変更しにくい面があるだろう。

さらに、大学は知識を生み出す基盤でもある。技術革新が速く、競争もグローバル化の進んでいる理系分野や一部の経済学は別としても、日本語による水準の高い研究蓄積もあるし、また現在進行形で出版され続けている。拡大した高等教育機関と、増加する高等教育修了者により、「日本語による知識」のマーケットは、まだ辛うじて維持されているといえる。日

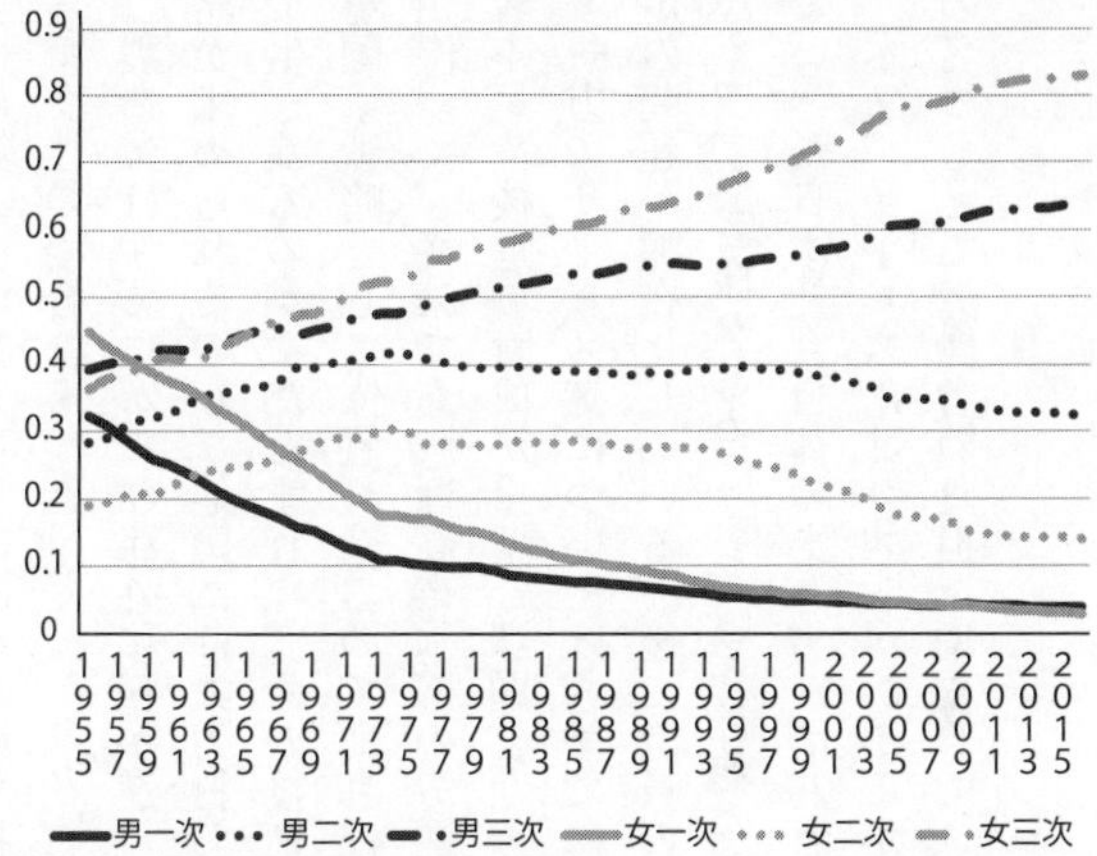

図５－１　**産業別人口推移**　出典：労働力調査（1972年以前は沖縄を含まない）

本人の英語の不得意さは、日本語マーケットの成熟の裏返しともいえる。

また日本の場合、出生率の低下により若年人口比率も減少している。したがって特に若年人口の労働力不足は懸念されており、実際、一部のサービス業では問題が顕在化しつつある。

総務省による『労働力調査』に基づいて産業別人口をみると、二〇一七年春時点で、農林水産業の第一次産業は三・四パーセント、鉱工業（建築やガス・水道・電気を含む）の第二次産業は二四・三パーセントでしかない。残り七割以上はすべて第三次産業になる。

図５－１をみるとわかるが、日本は「ものづくりの国」と喧伝《けんでん》されてはいるものの、人口比で第三次産業を上回ったことはない。建築関係は男性への偏りが大きいこともあり、

男性の第二次産業人口率は四割程度で推移してきた。しかし、男性でも一九九〇年代後半から、女性の場合はもっと早く（一九九〇年代前半）から、その割合は減ってきている。

製造業はすでにかなり海外移転が進んでいるが、日本でそれを維持する場合、いかなる戦略が求められるのか。他国には太刀打ちできないような技術によって付加価値をつけることで生き残るのか。だとすれば、その技術を身につけさせる役割はどこが担うのか。もしそれを国家戦略として位置づけるのであれば、政府がどこまで関与するのか。少子化と高齢化が相俟って、従来であれば高卒水準の労働者が担っていたであろう熟練労働についても、後継者不足や後進の育成が重要な課題となっている。

一方でサービス業については、すでに報道されているように、宅配業や飲食店で、人手不足の問題が顕在化している。後で教員の働き方にも触れるが、単に人手不足というだけではなく、「お客様のために」という言葉のもとで、低廉な価格による過剰なサービスを要求していった日本社会自体のあり方が問われている。

本来、サービスにはコストがかかるが、消費者は相応のコストを払わず、消費者優先主義の名のもとで労働者の負担を増やしていった側面は否定できないだろう。

2　労働市場と高等教育

日本の教育は無駄・非効率なのか

教育の内容が職業や社会生活から遊離しており、役立たない、教育をもっとプラグマティック（実用主義的）にすべきだ、という議論がなされるのは、日本だけではない。

かつて英国病と揶揄されるほどの経済不振に陥った一九七〇年代から八〇年代のイギリスで、効率性や合理性を掲げて急進的な民営化を進めたのはマーガレット・サッチャー首相である。

サッチャーが非効率の代表として挙げたのは、大学・博物館・美術館・演劇・ＢＢＣやブリティッシュ・カウンシルなどである。彼女は、これらを左翼の巣窟《そうくつ》として攻撃した。大学の研究には、投じた費用に対する成果を強く求めた。大学の専門も、学生の需要に応じて配置し、人気のない専門のポストは凍結する方策を実施した。後に「誤解」ということになったが、二〇一五年に世間を騒がせた日本の国立大学の文系学部廃止騒動とも、通底するものがある。

序章で触れたように、日本の高等教育への公教育費負担が少ないのは、必ずしも多くの人が高等教育費の増額に賛成していないことが一つの要因である。そこには、高等教育機関への不信感がある。大学生は遊んでばかりで勉強しない。授業は休講が多く、教員は暇そうだ。高い授業料を払っている割に学生は何を身につけたのかわからない。しかも教えている内容も、役に立っているのか不明である。

確かに、そう批判されても仕方なかった時代もあったかもしれない。ただ企業がこの数十年で変わったのと同様で、大学もかなり変化した。今の大学生は、先行き不透明な時代を生き、高い授業料を払って大学に来ていると認識しており、概して授業出席率はよく、学生や保護者が大学を見る目は厳しい。

もっとも、漫然と授業に出ても、それがどういう成果を生むのか、今一つはっきりしない。学生も、その学問に本当に興味があるというより、周囲に流されて、就職に有利だからと進学しているケースも少なくない。そういう学生に少しでも関心をもってもらおうと、大学も工夫する。就職など、多少自分の人生に関係することであれば、学習へのインセンティブもわくはずだ。また少子化で経営の厳しさに直面する大学としても、就職に直結する内容は宣伝効果がある。かくして、大学でもキャリア教育・職業教育が重視されるようになった。

ただ、経済界から教育に対してさまざまな要求はあるが、変化しなければいけないのは教育だけなのだろうか。

学力調査の成果と生産性

ＯＥＣＤの進めている新しい調査に、「国際成人力調査（Programme for the International Assessment of Adult Competences：ＰＩＡＡＣ）」がある。二〇一一〜一二年に実施されたが、一六歳から六五歳を対象として、読解力、数的思考力、ＩＴを活用した問題解決能力を測定したものだ。

当然、各国の平均点のランキングだけで、その国の教育事情すべてを語れるわけではない。しかし日本は、参加二四ヵ国・地域の中で、読解力と数的思考力が一位、しかも上位と下位のばらつきがもっとも小さい。ＩＴ活用能力も、ＯＥＣＤ平均を上回る好成績をあげている。

そしてＯＥＣＤの報告書では、日本が大学教育を受けているか否かで、スキルレベルに明瞭な違いがある国として、特記されている。つまり大学教育を受けた者のスキルレベルが、明らかに高いのだ。

また二〇〇〇年代に入り、「学力低下」が騒がれたが、総じてＰＩＳＡなどの国際比較の学習到達度調査の日本の結果は、決して悪くない。特に数学や理科の平均点は最上位グループに位置し、またそれぞれの教科において、点数の上位と下位のばらつきも小さい。

もちろん、好成績が直ちに日本の学校教育の成果といってよいかは、詳細な検討が必要だ。しかし、これも一つのエビデンスと考えれば、この結果をみて、日本の教育が海外と比較して欠陥だらけだと結論づけるのはかなり不自然だ。

翻って、日本の労働市場に関する国際指標はどうか。日本生産性本部のデータに基づけば、

	読解力	数的思考力	労働生産性	GDP/capita
オーストラリア	280	268	90522	42903.9
オーストリア	269	275	88314	46253.6
カナダ	273	265	82279	42145.1
チェコ	274	276	57175	29051.4
デンマーク	271	278	87690	44808.5
エストニア	276	273	50375	25973.3
フィンランド	288	282	82786	40619.9
フランス	262	254	91941	37671.0
ドイツ	270	272	84307	43564.1
アイルランド	267	256	108944	46519.4
イタリア	250	247	88085	35757.0
日本	296	288	71619	37213.8
韓国	273	263	62403	32222.9
オランダ	284	280	85797	46715.5
ノルウェー	278	278	127147	65374.7
ポーランド	267	260	54789	23541.5
スロバキア	274	276	58782	26654.0
スペイン	252	246	85686	31991.0
スウェーデン	279	279	88237	57590.7
アメリカ	270	253	112917	51369.7
ベルギー	275	280	97997	42639.1
イギリス	272	262	80513	37475.0
キプロス	269	265	-	31877.5

表5－1　PIAAC平均点（読解力・数的思考力）と生産性・1人あたりGDP
PIAAC2013（2011-12年に調査）。1人あたりGDPはドル換算（2012年）。労働生産性は日本生産性本部による（購買力平価換算ドル・2012年）

日本の生産性はOECD諸国の中で平均に満たない。掲載されているすべての西欧諸国を下回っている。

日本の経済規模や豊かさを示すGDPは現在、アメリカ、中国に次いで三位である。しかし、これは他の西洋諸国に比して相対的にまだ日本の人口の多いことが、一つの要因であろう。実際、一人あたりに換算すると、表5-1に掲載されている諸国の平均を下回っている。日本より低い西洋諸国は、イタリアとスペインのみであり、韓国も日本の水準に肉薄している。一人あたりでみれば、日本はもはや、さほど経済的に豊かな国ではない。

このPIAACの結果と、経済指標のギャップをどう考えるべきなのか。もちろん完璧な制度など存在しないから、日本の教育に問題は何もない、などというつもりはない。しかし国際比較データをみれば、個人の成人力はトップでありながら、経済指標はおおむね先進国平均を下回っている。これでまだ「学校教育に問題がある」といい続けるとしたら、その姿勢は理解に苦しむものがある。

むしろ、個人の力を活用できていない経済界や労働市場のあり方に問題があると考えるのが自然ではないか。

経済情勢は大きく、また速く変化するので、教育制度や学校がそのニーズに細かく対応するのは無理がある。学校設備や、教える人材の問題もある。変化に対応できる即戦力が労働市場で必要とされている中、それにきめ細やかに対応できる設備と教える人材を学校教育が準備するには、相応のコストが必要だ。

また教育制度や学校が細かく対応するほど、内容やスキルはたちまち古くなる問題も生じよう。むしろきめ細やかな部分は、むしろ職場内で対応した方が効率的だろう。重要なのは、そうした変化に柔軟に対応できるスキルや能力、「非認知能力」の育成だろう。

非認知能力の定義は曖昧だが、単に知識を覚えたり、機械的に作業をしたり、ペーパーテストの点数として表れるような学習到達度で測定できる認知能力とは異なる。創造性、発想の転換、批判力、自己向上心、自尊心など、通常のテストなどでは測定の難しいものを指す。非認知能力の重要性を主張したのは、経済学者のジェームズ・ヘックマンである。そこで言及されるのは、ペリー就学前プロジェクトとアベセダリアン・プロジェクトという二つの長期的観察調査である。

二つの調査は、貧困家庭の子どもに対する、早期介入の効果を検討するものである。追跡調査の結果、もちろん処理群と統制群の間に認知能力の差が生じる。しかしその認知能力の差は、年齢とともに縮小し、なくなってしまった。対照的に、非認知能力の差は強固に残存し、非認知能力の育成や定着には、早期の介入が有効であることが示された。

非認知能力の概念が漠然としている点は問題だが、認知能力の獲得においても、非認知能力の存在が重要である。また、非認知能力は学習によって獲得されうるものだという。認知能力を高めるためのスキルともいえるが、定型的なスキルとは言い難いので、ソフト・スキルとよべるものだ。

これまでは、高等教育で獲得できるものについて、知識やスキルという目に見えやすい認知能力に着目して話を進めてきた。しかし高等教育では、自分で問題自体を探し、調査し、考えを述べ、討論することが重視される。これらを継続的に続けることで身につくものが、非認知能力だといえる。つまり高等教育修了者が評価されるのは、こうした目に見えにくい非認知能力なのかもしれない。

資格が直接職業に結びつく高度な専門職（たとえば法曹関係者や医師など）には、専門的で特殊な知識が必要だ。もちろんその知識の有無が資格獲得を左右するが、資格を得たからすぐに一人前の仕事ができるわけではない。あらゆる仕事には一種の現場感覚が必要で、それは働きながら身につける部分でもある。そういう意味で、職業教育の一部は、必ず現場がある程度負担しなければならない部分もある。ただいったん獲得した知識をどう活用するか、その応用に関しても、非認知能力の有無は影響をもってくると考えられる。

日本型の雇用システム

しかし、日本では高等教育で学んだことは役に立たない、もっと役に立つ教育を、という意見をよく耳にする。だが、その「役に立つ」ことのイメージは不明確だ。

経団連が二〇一六年夏に会員企業に対して行った調査によれば、大卒などの新卒者採用時にもっとも重視した点が「コミュニケーション能力（八七％）」で、次に重視したのが「主体性（六三・八％）」だという。その後は僅差で、「協調性（四九・一％）」、「チャレンジ精神（四六％）」、「誠実性（四三・八％）」と続く。

これらの能力は、かなり広い意味では、非認知能力の範疇《はんちゅう》に含まれるのかもしれない。ただし実際に学習可能な能力なのか、単なる性格的なものなのか、よくわからないものも多い。

また、この経団連調査の回答の分布をみて、若干気になる点もある。大学でのディスカッションや、共同作業を通じてコミュニケーション能力や協調性が育まれることはあるのかもしれない。しかし主体性の有無、チャレンジ精神、誠実性などは、もちろんインセンティブの与え方によってはわき起こるかもしれないが、大学教育を通じて学習すべきものなのかは疑問である。大学教育が役立たないとか、大学教育などあてにならないと批判しつつ、では何を身につけてほしいのか、といえば、学習で身につくのかよくわからないような、曖昧で主観的な項目が並ぶのだ。ここに、日本の労働市場の問題点が凝縮されているのではないか。

この点について、濱口桂一郎《はまぐちけいいちろう》の指摘は示唆的である。伝統的に、日本型雇用システムの特徴としては、終身雇用制度、年功序列賃金制度、企業別組合が挙げられてきた。しかし本質は雇用契約の性格にあり、日本型の雇用契約の仕組みは、これら三つの特徴とすべて関連しているという。

日本以外の多くの社会では、労働者が雇用契約をする際に、職務（ジョブ）が限定されている。言い換えると、特定の職務の範囲を限定し、その範囲について労働者は義務を負い、使用者は権利をもつのが標準的な考え方だ。

しかし日本では、職務という考え方が希薄である。日本の企業は、個別の職務を切り離さず、一括して雇用契約を結ぶメンバーシップ型の契約を行う。だから労働者は原則、使用者の命令に従って配置されるし、また使用者もそう要求する権利をもつと考える。日本人が、就職の際に具体的な仕事内容ではなく、企業名で考えがちなのも、また職業を聞かれて会社員とか公務員、会社名を答えることになるのも、具体的な職務ではなくて、メンバーシップが想起されるからだ。

もちろん、日本社会でも専門職の場合、何らかの組織に属していても、職務内容が比較的明示されていて限定的なので、職業を聞かれれば、組織名より専門職としての職務（職業）名を先に思い浮かべるだろう。

日本に特徴的な新卒者の新規一括採用は、卒業したばかりの「まっさらな」若者をメンバーに組み入れることを意味する。当然、新規採用時点で、具体的な職務内容は決まっていない。採用も、個々の部署が必要に応じて、相応のスキルレベルの人材を募集するのではなくて、人事部局が集約して判断する。これもメンバーシップ型の契約だからである。

メンバーシップである以上、労働者は採用されれば、定期的に職務が変わる異動もある。

だから特定の職務の熟達よりも、多様な経験を積んだことの方がメンバー間では尊敬される。さまざまな立場のことをわかっている方が、リーダーとしてふさわしいとされるのだ。

職務内容が変われば、新しい職務の訓練は欠かせない。そのため日本企業ではＯＪＴが重要になるのだが、ＯＪＴのコストはかけたくない。だから潜在的な学習能力の高そうな、学歴の高い人を好んで採用する（シグナリング論が解釈としてはマッチする）。しかしそのＯＪＴはメンバーシップの中でしか通用（評価）されないものが多くなるから、労働者は転職しにくい。したがって、いったんメンバーにした以上、企業は労働者の雇用保障を求められる。

結局、企業側が何を求めているかといえば、こうした日本型の雇用契約を前提に、メンバーシップとしてふさわしいか（仲間となるために、どういう人間がトラブルを起こさず円滑に人間関係を構築できるか）であり、採用はその選別をしている、というのが本音だろう。

日本型雇用システムは個人の能力を活かしているのか

この点を踏まえると、さまざまな問題が浮き上がってくる。

グローバル化に対応するために、一九九〇年代に成果主義の採用が話題に上った。しかし、日本ではうまくいかなかったという評価が支配的なようだ。

教育も同様で、表面上アメリカなどで実施されている成果主義の方法を導入しても、存立している制度や社会基盤が異なれば、うまく機能するとは限らない。これは当然のことだ。

組織学者の太田肇《おおたはじめ》も指摘しているが、職務内容が明確に限定されていれば、その職務の成果を測定するのは比較的容易だ。しかし職務内容が限定されていなければ、評価は恣意的かつ主観的にならざるを得ない。メンバーシップが強調されれば、集団内での規律を乱さないことが何よりも重視されるだろう。日本では、一定の仕事に対して、それを個々人が得意分野に基づいて分担し、効率的に早く仕上げる、という方法はあまり好まれない。それよりは、皆一緒に共同して到達点にもっていくことが重視される。システマティックな分業が成立していないので、異なる部署との調整コストも多くかかる。

有給休暇の消化率の低さや、残業の多さなどの実態も、そうしたメンバーシップ型雇用と無関係ではないはずである。分業化が進んでいなければ、メンバーの誰かが欠けることにより仕事が滞るなどの不都合が生じる。周りが働いているのに、休んだり、早く帰るなどすれば、現場の士気に影響を与えるなどといわれかねない。

現在、女性の社会進出への取り組みが大きな課題となっている。日本は世界的にも、雇用における「男女差別」が激しい国と見られている。不名誉なことだし、何より女性の才能を活かし切れていない点で、社会にとって損失だ。

このような男女の労働市場におけるセグリゲーション（隔離）は、男性中心の労働市場で、女性が「一人前」と見なされてこなかった証である。会社というメンバーの論理より、家庭を優先させるような態度は、会社組織のメンバーシップに組み入れるのに問題があるのだろう。換言すれば、家庭など顧みず、それまでの男性と同様の働き方をすれば、女性でも「一人前」としてメンバーに入れてもらえる。これが、日本的労働市場での男女平等の実態だ。もちろん、女性の社会進出は以前よりは確実に進んでいる。ただ、こうした男性中心のメンバーシップ型雇用形態は、根本的に変わっていない。この状況で家庭や子育てとの両立が十分に成立するはずもなく、少子化が進むのも当たり前である。

少子化の問題には、確かに保育施設の不足などの育児支援政策の貧困や教育費の高さが関連しているだろう。しかし、それらの問題が解決すれば、少子化が解消するとも思えない。このような非効率な就業の実態を放置したままでは、時間的にも、肉体的・精神的にも、子育てとの両立は不可能だろう。

少子化による若年労働力不足から、必然的に女性の社会進出も進むだろう。しかし働き方が変わらなければ、長時間労働に対応できる保育施設が必要になり、ただでさえ不足気味の育児支援政策の費用は、ますます足りなくなるだろう。単純に、子育て・育児支援策への公的費用を増額すれば済む問題ではない。

限界に達する日本的経営組織

従前のシステムでうまくいっているところや、成功体験をもつ組織もあるだろう。確かに、さまざまな経験を積んだカリスマ性のあるリーダーがいて、そのもとにメンバーが結束していると、組織はうまく回ることが多い。ただ、カリスマがいなくなると、明確なノウハウの蓄積がないので、途端に組織がおかしくなる。カリスマ的支配のような属人的な経営は、うまくいっているときには問題に気づきにくいが、経営者が変わるなど、新しい問題が発生すると軌道修正が非常に困難になる。

メンバーシップ型組織において、成果主義が強調され、競争が激しくなる。そこでは組織の機能分化が進んでいないため、結局何でもできる万能人間に頼ることが多くなる。それで何とかこなせることもあるが、属人的なやり方なので、ノウハウは下の世代に伝えられない。いくら万能な人間でも、できることには限界がある。真面目に、効率的に仕事をこなす万能人間ほど負荷がかかってしまう。その負荷が上限を超えれば、過労、ストレス、病気の原因となる。むしろこのような組織は、個人の才能を潰《つぶ》していることにならないだろうか。

太田肇によれば、日本の生産性の低さは、ホワイトカラー労働（しかも大企業や事務系の公務員）やサービス産業に該当することが多いという。他方、製造業や建設業などのブルーカラーは、他国と遜色《そんしょく》ない水準であり、日本の生産性の低下は第三次産業の拡大によって説明できる部分が大きい。

詳細は太田（二〇一七）を参照してほしいが、日本社会にも蔓延する組織風土が、無意味な会議や、些細《ささい》なミスも許容しないという姿勢に基づく事務・点検作業を生み、就業者の意欲を削いでいる。失敗はありうるという前提で何らかの対策をとるのではなく、失敗はないという完璧を求めすぎるがゆえ、非常事態には脆《もろ》い。

日本社会では比較的専門分化が進んでいる組織と思われる大学ですら、似た状況にある。二〇〇〇年代に入り、日本の研究パフォーマンスの低下がしばしば指摘される。確かに、安定的に使用できる研究費の縮小も問題だが、こうした組織文化が生み出した膨大な無駄な作業に忙殺されている側面も無視すべきではない。

さらに、二〇一七年に、ある製薬会社の新人研修において、新入社員が知られたくない過去を無理やり告白させられて自殺に追い込まれるという悲劇があった。両親はその製薬会社と、研修を請け負った会社を相手取り、提訴した。新聞報道によれば、研修担当者は暴力的な言動により新人を精神的に追い込むようなことをしていた。

こうした精神論重視の研修は、メンバーシップになることを重んじる、という組織ならではのように感じられる。職務に直結する内容を、合理的に研修で伝えられないような組織は、グローバル社会で理解されるはずがない。いまだ話題となる過労死についても、「周りが働いているから」というような意識を醸成する、メンバーシップ型雇用に少なからぬ原因があるといえよう。

もちろん、あらゆる制度や仕組みには正と負の両面がある。日本型雇用システムにも、一定のポジティブな側面は存在したのかもしれない。しかし、日本人が国際的に示している教育上の非常に高いパフォーマンスに比して、経済的な不振に陥っているのは、日本の労働者環境が、潜在的に高い教育パフォーマンスを、合理的に活かす体制になっていないのではないか、という疑いを抱かざるを得ない。

専門性の強い高等教育と、ジェネラリスト重視の労働市場

さらに、日本型の労働市場（雇用慣行）と高等教育を比較すると、両者には齟齬（ねじれ）があることがわかる。

日本の高等教育、特に大学は学部別募集をし、大学によっては細かな専門を学科レベルで分けて入学させるところもある。一〇代の若者が、社会に対する十分な知識もなく、自らの適性を模索中なのは自然なことだ。キャリア教育という名のもとで、より早い段階から将来の進路について考えることが推奨されている。もちろん彼ら彼女らが、将来を真剣に考えて模索することは否定すべきではない。ただ、早い進路決定が常にいいとは限らない。将来が不明確な中で、早い段階での進路決定を促すのは、得策ではない。

大学進学したとき、なぜその専門を選択したのか、と聞かれて、スラスラと説明できるのはむしろ少数派ではないだろうか。とはいえ、一度大学に入学すれば、専門の変更はかなり難しい。学生は専門を選んで進学したつもりになっているから、学部教育の前半に専門性に直結しない教養教育を行っても、学習のインセンティブもわかないし、消化しきれない。そして学部教育の後半で専門を修めても、企業側はメンバーシップ型雇用なので、具体性のあ

る人材の要件を提示できない。教育機関と労働市場の関係が、スムーズにつながっていないのである。

(特に応用科学系の)理系の専門では、技術開発の場でその知識やスキルを使うことが相対的には多いだろう。しかし一般に、人文・社会系の専門知はそのような使われ方をしない。

だから形の上だけアメリカをまねて、大学院大学にするとか、専門職大学院を作るといっても、その高度な専門性(特に文系)を評価する社会的基盤が日本社会には存在しない。特定の専門に強すぎることは、場合によってはメンバーシップの和や統率を乱すことになる。なぜなら、メンバーシップ型雇用では定期異動があるので、使用される知識やスキルも変化するし、高度な知識が逆に視野の狭さという評価に直結する。結局、専門性を持て余してしまい、労働者本人も不満を抱くだろう。

ところが、国際的には、職務で要求される知識やスキルレベルは大きく上昇している。大学院レベルの教育歴、学位が要求されることはめずらしくない。したがって学位も労働市場で重い価値をもつ。特定の高度な能力をもつ人物は、自分の高度な能力を評価しない日本の企業組織を、必然的に避けるだろう。日本企業の、そうした弱点が、近年になって露呈していないだろうか。

高度な人材確保の競争は、国境を越えてグローバルなレベルに達している。日本自体が人口減少期に突入し、国内市場が縮小してゆく中、世界各国との関係性を無視することは考えられない。専門性を活用できない組織に、有能な人材が魅力を感じるだろうか。

もちろん、こうした雇用慣行は一朝一夕にでき上がったものではない。したがって、急激に組織変革をすることは、現実には難しく、いろいろな副作用を生むかもしれない。そして現在の雇用慣行には、教育制度、家族制度なども何らかの形で関連している。

しかし、短期的にはコストとなっても、長いスパンで考えたときに、私たちの社会がより豊かになるためにどうしたらいいのかを、真剣に考えなければならない。学校、企業、家庭、どこか一つを狙い撃ちするなど、スケープゴートを探すのではなくて、相互に連携して少しずつ社会を変革することが重要なのである。

3　浸透する学校の影響

新制度学派

最後に、今後の日本の公教育をどう意味づけ、維持するべきかを考えてみたい。

現在の教育制度のもとでは、学校（学歴）が職業的地位を決める重要な要素となっている。自由な進路選択、そして個人の適性に合ったポストの選択を可能とするためには学校教育が不可欠である。

ただし選択の自由を優先した場合には、特定の選択肢に人々が集中しやすい。そこで公平に適切な人を選抜しなければならない。適切な人とは、有能であったり、その地位にふさわしかったりする人になる。ただ、客観的なふさわしさの指標を見つけるのは難しい。かといって、いい加減な指標だと、選抜に対する疑念が生じ、教育制度は社会的正当性を失う。

一般に私たちは、学校は社会のニーズに合った教育を提供すべきだ、と考えがちだ。社会に教育を従属させて考え、そうなっていない現状を嘆き、より社会に有用な知識を身につけさせるための教育改革を進めたがるのである。これに対し、ジョン・マイヤーとブライアン・ローワンは発想の転換を迫る。

彼らに言わせれば、学校教育はそういった機能性を意識して作られたものではない。教育によって人々の知識水準が上昇し、そうした人々の増加により社会が発展するという説明は、近代合理主義の前提に立っている。

こうした「知識水準の上昇が社会の発展を促す」という説明の妥当性は、厳密に検証するのが困難だ。しかし近代社会において、この説明は規範性を帯びるようになる。換言すれば、近代国家で、組織的に人々を社会化するためには、学校教育制度の成立・維持がもっとも合理的だと信じられている。この説明は実証されないまま信じられているので、マイヤーらは「神話」とよび、教育制度は、神話によって成立する一つの宗教のようなものだという。

国家は、学校教育を含むしかるべき近代的な組織をもつのが当然であり、そういった組織や制度をもたない自称国家は、近代国家と見なされない。だから近代化の過程で、どの国も同じような官僚制組織の政府、治安組織、学校などの制度を構築する。つまり近代化を進めるために、こうした組織が作られるのではない。そうではなくて、自分たちの構築する国家が、近代国家だと自ら示すために、組織を作るのだ。その学校組織や教育制度に、人々は影響を受けて行動するのである。

だからマイヤーらにいわせれば、社会が学歴を必要としているのではない。学歴評価システムが先に構築され、正当な評価装置と認められて、社会全体に広がるのだ。学校知は世間のニーズに応じてもたらされるのではない。社会的に正当と認められた学校知を使用するから、社会的信用を得られる。だから学校知への需要が高まるのだ。

学校教育の儀礼性

学校は、近代化に伴い整備された一種の官僚制組織である。一般的に官僚制組織とは、組織内が機能分化し、全体も階層化された組織となっており、それぞれの権限も明確である。規則が組織を支配しており、私情を挟むことは許されない。したがって地位やポストも特定の人物が占有できず、資格をもったものが職員として採用される。

しかし学校を、典型的な官僚制組織と見なすのは、やや無理がある。学校は、組織内の部署や役割の分化の程度があまり進んでおらず、専門職の教師が基本的に個人の裁量に従って授業などの教育活動を行っている。仕事の範囲は明確ではなく、仕事内容は多岐にわたる。

特に日本の学校組織は、その傾向が顕著だ。

また官僚制組織では、マニュアル通りに、基準や規律を守って運営されるのが原則だ。しかし学校では、教育的配慮から、児童生徒に対して、常に厳格に、お決まりの形で対応するとは限らない。子どもが失敗しても、何らかの形で子どもを救い上げようと努力する。

多様な背景をもつ子どもたちが集まる学校で、官僚制組織の型にはまった対応を持ち込んでも、うまくいくわけがない。だから教員も妥協などをして、現実的な対応をする。

学校には毎年、次の新しい出生コーホートが入学してくる。そのため留年者を多数出して、授業内容を理解するまで卒業させないような運用をしたら、運営できなくなるだろう。卒業には、定められた教育課程を修める必要があるのは当然だが、成績にこだわりすぎると、卒業できない生徒が多数出てくる可能性がある。だから、児童生徒の失敗に対して再チャンスを与えるとか、成績はよくないが、出席数は満たしているし、授業態度も悪くないからと進級を認めることはめずらしくない。

これは一種の「ルースな統制」だ。組織としての一体性を失わない範囲で、多少は内容面の変更を認め臨機応変に対応する。一方で、形式面で譲れない部分は譲らない。

形式的な部分を遵守することは、儀礼的なものだ。しかし儀礼だから重要ではないわけではない。私たちが学校制度を信頼しているのは、学習指導要領という基準があり、それを履修するルールがあり、そこでは資格をもつ教師が教え、教える場所である学校の設置には多くの規制が設けられているからだ。これは譲れないのである。そういう意味で、形式的な部分を遵守させるのは、「タイトな統制」だ。

要するに、ルースな統制一辺倒になってしまえば、教育機関としての正当性はもちえない。タイトな統制は儀礼に過ぎないのだが、これが存在することで正当性が保持され、私たちは学校組織を信用する。

教育機関は、ルースな統制とタイトな統制の絶妙なバランスで成り立っている。確かに教育拡大が進むと、高校レベルの学習内容を完全に理解しているのか疑わしい学生が大学に多く進学してくる。このこと自体が問題視されることもある。ただ彼ら彼女らも、高校卒業か、同等の資格（現在であれば、高等学校卒業程度認定試験）をパスしているはずである。そこでは、確かに補習などの必要な学生が多数いるという点で、成績評価そのものは緩やかかもしれない。しかし一方で、出席数など外面から誰もが認めうる明瞭な基準は満たしてきたはずだ。

つまり下の段階の教育機関は、実際の成績評価を曖昧にしながら、履修したという実績に基づき「学んだ」ことを認める。そして、その認定に基づいて、より上級の教育機関は入学を認める。したがって両者は、お互いが厳格な評価を行って連接しているのではなく、あえて評価にゆとりを残した状態で連接しているのだ。カール・ワイクの言葉を用いれば、異なる段階の学校の間は、緩やかに連結（ルースリー・カップリング）されているのである。

教育現場における儀礼性の意味

以上の説明は、現実の教育現場についての説明であり、そうあるべきだ、という規範的な主張ではない。官僚制組織の中に、一定のルースな統制を含めるのは、学校教育を成立させてきた一つの工夫だ。

儀礼は、そこにいる人の間に、何らかの象徴的な意味づけを与える以外に、実質的な機能をもたない。儀礼が行うのは、一種の権威づけだ。だからといって、儀礼に社会的な意味がないわけではない。儀礼的であるタイトな統制がなければ、人々はその組織を信頼しないし支持もしない。むしろ儀礼は、組織の存在に不可欠だ。

教育は、建前や儀礼が重要な意味をもつ。「教育によって全員が自己実現できる」「授業によって一〇〇パーセント、誰でもできるようにする」「教育は子どもの無限の可能性を引き出す聖なる営みである」という言葉は、文字通り受け取れば、偽善的で胡散《うさん》臭く感じることもある。

だからといって、これらの言葉を教育現場の目標として掲げたとき、全否定するのも難しい。確かに建前なのだが、それらがあるから、人々は教育制度を信頼し、支えようとするのではないか。実現性は怪しいかもしれないが、目標を達成しようとする姿勢を学校現場が共有することが重要なのだ。その姿勢すら放棄したシステムが、社会で信用されるはずがないのである。

近年、学校や教育現場における「評価」を重視する改革が進行している。筆者は、評価自体は否定しない。物事を改善させる前提には、現状把握がある。現状を反省する材料として、評価は役立つことも多い。問題は評価の仕方や使い方だ。ルースな統制と、タイトな統制というバランスで現場を成立させてきたという工夫を理解しないまま、ただ評価を厳格化し、基準を満たさなければペナルティを課すような改革を教育現場に導入すると、どうなるだろうか。

現場はおそらく、リスクを避け、クリアするのが容易な目標を設定するようになる。それが許されなければ、目標をクリアできない子どもや教師が続出することになる。結果として、学校の無力さが露呈し、ますます学校の社会的信用は揺らぐだろう。タイトな統制では、目標のクリアを目指すので、それが達成できなければ社会的に批判されて当然だからだ。こうして学校現場は、重苦しく、抑圧的な空間になる。このような組織の教員になることを、有能な若者が目指すだろうか。

学校化社会

マイヤーらの、制度が人々の行動規範を決定し、社会を形成するという新制度論の立場を受容し、機能主義の説明を補完したのがデヴィッド・ベイカーである。彼は学校という制度が、社会の隅々にわたって影響を与えているという面に着目し、この社会を学校化社会とよぶ。

かつて学校教育と無関係であった職業資格も、職業プログラムが学校システムの中に体系化され取り込まれて、学歴要件を付随した資格となる。ベイカーによれば、学校（や学歴）と無関係な職業や資格は、減少傾向にあり、これも学校化社会の表れである。

それだけではない。かつて大学教育の中心は古典であり、数学は哲学の中の最低な地位に甘んじ、科学は標準的なカリキュラムに組み入れられることすらなかった。今やその地位は逆転し、古典教育は専門の人間のみが学ぶものとなり、現代外国語、数学、科学がカリキュラムの中核に据えられた。

大学はそうした科学的知識・認識論を体系化し、社会に普及した。ベイカーの見方によれば、こうした知識体系は学校で教えられることで世の中に広まり、多くの職業世界に影響を与えた。個別の職業に必要な、固有の教育の必要性がなくなったわけではない。しかしそれは単に、それぞれの職業の内部で行われるようになっただけで（職業訓練が不要になるということはあり得ない）、学校では職業訓練の前提になる知識体系を教えるようになった。つまり学校は、職業世界から影響を受けて知識体系を形成したのではなく、むしろ逆に学校知が職業訓練を構成し定着させたのだ。

その点で、社会における学校の影響は甚大だ。学校知は、職業世界の知のあり方に影響を与え、新たな社会をつくる。こうしてますます、学校の社会に対する影響力は増す。

農業や漁業などの第一次産業でも、科学に裏づけされたさまざまな方法が採用され、それを習得するには教育が必要とされる。実際は、何が科学的と見なされるのか自体、論者の価値観が反映される。もちろん科学的とか、客観性、という言葉は単純に理解できない。とはいえ、近代科学に基づく行動規準が浸透したことで、第一次産業も生産性が上昇し、多くの人々がその恩恵を得ていることは紛れもない事実だ。そして長い伝統をもつ第一次産業のあり方も、学校がもたらす知識によって変えられてゆく。

工業や商業についても、同じことがいえる。今や学校で提供される知識のニーズは、高まることはあれ、低くなることはないのだ。

4　教育のこれからのあり方

教育は社会的不平等を解決するのか

教育と労働市場はそれぞれ独立したシステムだが、お互い無関係ではない。ただ一般的に、機能主義的な説明は、労働市場や社会を前提に、教育をその労働市場や社会に適応させる（需要を満たす）方向で教育を理解しようとする。

反対に、新制度論は、教育の相対的自律性を重視し、教育制度に人々が従うことで社会がつくられると考える。ただそれだけだと、教育は、労働市場や社会全体から大きく遊離しかねない。ベイカーの学校化社会論は、新制度論のアイディアを援用しつつも、機能主義の立場を一定程度認めて、二つの理論の隙間《すきま》を埋めようとする。

いずれにせよ、この社会で職業を決める際、教育が非常に重要な役割を担っていることに疑いはない。だから教育機会の平等が、社会的に達成されるべき課題となる。しかし教育を受ける機会が完全に平等な社会は存在しないし、結果として教育達成（学歴）は、出身階層と相関が残る。教育が何らかのメリットはもたらしているだろうが、教育自体が不平等や格差の解消に貢献しているか、といえば、コールマン・レポート以来、否定的な見方が有力だった。

ただし第3章で紹介した、反実仮想的な因果効果という見方が徐々に浸透し、その見解は修正されている。ダウニーらは、夏休み（長期休暇）を挟んで、児童を追跡調査した結果、通常学期ではなく、長期休暇になると、子どもの学力格差が拡大したと報告している。

長期休暇では、子どもたちが学校から離れるため、各人の過ごし方は個々の家庭に委《ゆだ》ねられる。しかし、学期中は皆学校に通っているので、学校滞在中は同じような生活を送ることになる。そう考えると、休暇中に階層間のライフスタイルの違いが顕著に現れ、それが容易に成績などのパフォーマンスに影響すると考えるのは自然なことだ。

スティーヴン・ラウデンブッシュとロバート・エシュマンによる、子どもへの教育の効果を検討した論文のメタ分析から、次のようなまとめが可能である。

生まれたばかりの子どもは無垢な存在だが、それでも何らかの個性や性格を生まれ持っている。したがって、全く同じプログラムを同時に提供しても、同じ形で習得するとは限らない。ただ一般的に、幼少期の能力の個人差は小さい。だから、人格形成に教育が及ぼす影響は、幼少期ほど大きくなるだろう。

年齢が増せば、人格がすでに形成されている部分も多く、その人格や能力を変えるのは難しくなる。だから、教育によって社会的格差を縮小しようとするならば、早い段階で不利な環境下にある子どもに対し、何らかのサポートを行う方が合理的なはずだ。

アネット・ラローによる、定評ある質的調査の研究に注目してみよう。彼女は人種や階層ごとに何人かの親子を抽出し、その生活を継続的に観察し、綿密なインタビューを行った。彼女によれば、アメリカの格差・不平等問題というと、人種間の不平等が真っ先に注目されるが、教育達成に影響を与える子育ての仕方については、人種より階層差が大きいという。

ラローによれば、高い階層（ミドルクラス、ホワイトカラー層）においては、「コンサーテッド・カルティヴェーション（計画的な子育て）」が支配的である。親（特に母親）は子どもの才能発掘のため、あらかじめ組織化されたさまざまな社会活動（スポーツやボランティアなど）に入るように促す。また普段の会話では、推論や批判的思考を重視するような問いかけを繰り返すという特徴をもつ。

一方、労働者階級や貧困家庭では、「アコンプリッシュメント・オブ・ナチュラル・グロウス（放任的な子育て）」が支配的である。基本的には放任で、近所や親類の子どもと遊ぶことを重視する。親の権威性を強調し、一方的な指示を行うのが特徴で、対話や交渉はあまり重視しない。

なぜそうなるのか。それは労働者階級や貧困家庭では両親が生活のために働かざるを得ず、時間的にも余裕がないため、その子を放任してしまう事情もある。両親が仕事をもっていたとしても、生活に余裕のあるミドルクラスは、自分でコストを支払って、両親の仕事の間に習い事をさせるなどにより、放任にならない形で子育てをカバーできる。

もちろん日米で、子どもを取り巻く環境は異なる。しかし、ラローの分析を読むと、特に「教育ママ」の存在とか、習い事をめぐる環境などは、案外日米で共通する部分もあるのではないか、と考えさせられる。このように学校外の教育環境の違いは、階層差が露骨に反映されることになる。学校が、そうした階層差を埋める機能を担う、というのは、納得できる説明である。

またフロレンシア・トルチェは、親子間の職業的地位や収入の関連は、学歴が低い人ほど強くなり、大学学士レベルの学位保持者の間では関連が弱まるか、なくなることを発見した。ただし修士以上の学位取得者は、親子間の職業と収入との関連が再び強まるという。つまり職業と収入の関連は、高低両極の学歴で明瞭に表れ、その中間では見えにくくなるというU字型の傾向があるという。

修士以上の学歴は数がまだ少ないのでそれを除くと、大学卒という学歴を得ないと、職業や収入は、出身階層を反映することになる。それゆえに、大学教育を受けることに意味はある、と彼女は結論づける。

学校の社会的役割を整理する――部活動を例に

ただ学校の存在意義はあるにしても、そこへの期待は人によってバラバラだ。実際、日本の学校や教師は、社会的な役割を抱え込みすぎだといわれる。もちろん知育を担うのが第一の役割なのだが、日本の学校は、生徒指導、進路指導、特別活動も重視しており、これらの活動にはすべて、教育的意味が付与されている。したがって教師の仕事の範囲は無限定的になりがちで、さらに繰り返される改革とそれに対する対応、会議の増加などが、教師の多忙化を生み出している。さらに、教育社会学者の内田《うちだ》良《りょう》が精力的に発言しているが、本来「生徒の自主的、自発的な参加によって行われる（学習指導要領）」はずの部活動が、半強制性を帯びており、これもまた教師の多忙化に拍車をかけている。

任意の活動に過ぎない部活動でも、学校生活を振り返ってもっとも思い出深いと考える人はめずらしくない。また場合によっては、部活指導をしたいために教師になった人もいるだろう。教育現場では、熱心さが無条件に称揚される傾向にある。保護者にとっても、部活動を実施して、土日も子どもを預かってくれるのは本音としてありがたい。中学校、高校で部活動に熱中してくれれば、非行に走るリスクも減るかもしれない。このような考えは、トラヴィス・ハーシの提唱した、社会的紐帯《ボンド》理論とも関連がある。

しかし任意の活動に過ぎない部活動を基準に、教員配置が行われるわけではない。したがって、実際には経験のないスポーツであっても、担当者がいないからと顧問を引き受けさせられることも起こる。これは子どもの安全を考えるうえで、重大なリスクである。そもそも部活動にかかわる教員への手当はごく僅かであり、ほとんどボランティアといってよい。

教師も、立場を変えれば家庭をもつ保護者である。教師だったら、家庭やプライベートを犠牲にしても、学校のために力を尽くせ、というのは暴論だ。もし社会で、こういう姿勢がまかり通るようならば、教師の人材確保自体が困難になる。誰かの対価のない犠牲のもとで、社会が成立しているというのは、問題があっても見て見ぬふりをするのと同じことで、さまざまな人々が共生し、一つの一体感のある社会を構築するのとは対極的な姿勢だ。

筆者は、部活動のような活動に教育的意義はないというつもりはない。学業成績を重視しがちな日本の学校において、必ずしもそれに囚われずに、スポーツ活動などで、別の活躍の場が提供されてきた重要な意義がある。しかし部活動は、あくまで自発的活動に過ぎない。だから、こうした活動のすべてを、学校や教師が抱え込む理由はない。

もし、何としても残すべき重要な活動ならば、教師の（事実上の）ボランティアに任せておく姿勢は無責任であろう。必要性を認識し、誰かに任せるのであれば、社会的合意を取りつけて、相応の公的負担をすべきである。教師の過剰な精神的・肉体的負担を避けるためには、きちんと別の専門家に委託するか、あるいは学校の活動とは切り離して地域の活動として持続させるべきだろう。

部活動には、日本の教育現場の抱える問題が集約されているように思われる。教育現場では、私利私欲を捨てて、子どものために献身的に尽くすことが美談として語られる。だから教師の側は、教育したことの対価を表立って求めにくい。教育を、金銭的価値に置き換えることはタブーとなっている。もし対価を求めれば、金の力がなければ働かない、教育への熱意のない教師と見なされかねない。そのようなレッテルを貼られれば、保護者からの信頼を失う可能性もある。

だから部活動は、そうした教師の状況に付け込んで、本来ならその分投じるべきコストが支払われることもなく、教師のボランティアという状況を見て見ぬふりをして継続されてきた活動ともいえる。

このような部活動の曖昧な位置づけは、今に始まったことではない。しかしなぜ、ここにきて問題になったのか。

学校における知育以外の活動

日本の学校組織は、日本社会の縮図でもある。確かに学校は、近代以降成立した典型的な官僚制組織とは異なり、仕事の範囲や役割分担が曖昧だ。日本の学校は、その傾向が顕著である。アメリカの教師役割は授業に限定され、生徒指導や進路指導は別の専門職に委ねられているのと対照的である。この教師役割の曖昧さは、メンバーシップ型雇用の日本の会社組織と類似している。

もちろん良好な人間関係の構築、仲間集団の助け合いを進めることは、間違いではない。教育現場では、生活が乱れれば、それは学校での成績に悪影響を与えると考えられている。だから日本の学校で、生徒指導と教科指導を完全に切り離し、どちらかに集中することは、ほとんど想定されていない。そして問題が生じれば、教員間で情報を共有し、同僚との協働によって問題を解決することが図られてきた。

つまり日本の教育現場では、教科指導、生徒指導、進路指導は一体となって実施されてきた。これは、学習と普段の生活は切っても切り離せない、という前提に立てば、それなりに理屈の通る指導のあり方だ。ここに、何らかの学校評価システムを導入する。しかし形式的には、海外で行われているのをまねた評価システムであっても、組織文化が違うので、そのシステムは全く異なる形で機能する。日本のような、教師の役割や仕事の範囲が不明確な組織で評価システムが導入されれば、あらゆる活動が評価の対象となるだろう。

部活指導なども、かつては関心をもつ教師が、勝手に熱心にやっていた側面があっただろう。

しかし子ども、保護者、地域からの視線に晒されれば、何でもやる教師がスタンダードになる。言い換えれば、教科指導のみを行う教師は怠けている、教育熱心ではない、と言われかねない。つまり多くの教師も、休まない、「熱心な」教師の勤務状況に引っ張られることになる。こうしてほとんど手当もないまま、教師は過酷な労働を強いられることになる。

これは生徒からみても同じことで、メンバーシップを強調する集団では、情緒的結合が重視されるため、合理的なトレーニングより、長時間の拘束や過剰な練習につながりやすい。教育活動に限らず、日本の組織で非合理的と思える精神論が跋扈《ばっこ》するのは、組織集団のこうした性質が反映されている。

児童生徒にとっても、日本の学校組織は一長一短だ。部活動や班活動を通して、得られるものもあるだろう。一方で、このような活動は、仲間外れやいじめの温床にもなりうる。森《もり》田洋司《たようじ》によれば、海外のいじめでは肉体的な暴力が問題にされ、また概して年齢が上昇すると減少する傾向にあるのに対し、日本では「シカト」「無視」がクローズアップされ、また中学生あたりがいじめのピークとなるという。これは日本の学校で集団主義的な活動や、メンバーシップ型の社会を反映した教育活動が重視されていることと無関係ではない。

メンバーの中で、うまくできない子がいれば、もちろん助け合いの精神を学ぶこともできるが、常にそうなるわけではない。足を引っ張るからと、嫌がらせを受けることもあるだろう。またメンバーシップや班活動重視の学校で、シカトされることは精神的に強いショックを与えるはずだ。

グローバル化に伴い、海外（特にアメリカやイギリスなど）の教育改革を、日本にも導入する動きがあるが、教育制度や周辺社会環境が日本とは異なっているので、海外同様の効果は必ずしも期待できないのだ。形だけ海外の試みを導入しても、深刻な副作用が起きたり、最悪の場合、改革導入前に見られたメリットも失われ、改革がただの「改悪」になる可能性もある。海外の事例を参考にするならば、やはり学校の社会的位置づけの日本との違いを明確にし、日本のコンテクストに合わせなければ意味がない。

また教師の多忙化を指摘すると、「忙しいのは教師だけではない」などという反応が返ってくることもある。それは事実だろうが、そう反応して世の中がよくなるか考えてみてほしい。そこまで多忙で余裕のない状況に追い込んで、日本経済は最良のパフォーマンスを生み出しているといえるのか。むしろより悪い労働環境へ足を引っ張り合い、お互いが不幸になっていないだろうか。

未来に向けた、学校の可能性

インターネットの発達などもあり、単に知識を得るだけならば、学校に通う必要性はほとんどない。しかし今の日本で、学校制度自体を廃止せよと思う人は、おそらくほとんどいないだろう。では公教育、特に学校教育制度がなぜ必要なのか、その社会的機能について改めて考えてみるべきだ。なぜ私たちは、わざわざ学校という場に行かねばならないのか。私たちが生きている以上、社会に出れば他者とかかわる。その訓練の場が学校だという考え方はありうる。確かに情報は溢れているが、知識や技能の獲得も、自分一人でメディア視聴するだけではなく、他者と一緒に活動するとか、ディスカッションすることで理解を深めることも可能だろう。

学校は、同一年齢集団という理由だけで、人々が人為的に集められた不自然な空間である。しかし、そうした人為集団であるがゆえ、価値観も異なる多様な人々と交わり、そこで他者との信頼関係を構築したり、共感や協力をしあったりすることで、一つの社会空間が成立できる。学校は、そうした社会空間構築の練習の場ともいえる。

また個人化が進んだ現代社会では、プライバシー観念の浸透により、個別の事情は見えにくくなっている。未成年の子どもは保護者の庇護《ひご》にあることが建前だが、実際には子どもたち皆がしっかり守られているわけではなく、保護者との関係などによっては、社会のセイフティ・ネットから漏れるリスクも出る。子どもがそのセイフティ・ネットから脱落した場合、人道上重大な問題となるし、社会に再度加わるチャンスを自力で得るのは非常に困難だ。子どもたちを前途ある存在として、社会が彼ら彼女らを包摂することが必要であろう。

学校は、そうした包摂（インクルージョン）の場として存在しうるし、実際にその役割を引き受けるのが現実的である。仮に、子どもたちがプライベートで不利を被っていたとしても、社会として包摂し、掬《すく》い上げることは、その子もこの社会のメンバーと認めているという意思表示になる。こうすることで、彼ら彼女らも将来社会の一員として貢献してくれるだろう。

教育を受けない人々を放置しておくことは、それだけ社会の仕組みや基本的な知識・技能を理解しない人をそのままにしておくことを意味する。そうなれば、まともな政策決定の議論が成立せず、社会全体を混乱に陥れるリスクも発生する。だから教育のあり方は、日本社会の将来を占うものとなるのである。

あとがき

二〇一四年に、筆者は勁草書房から『なぜ日本の公教育費は少ないのか――教育の公的役割を考えなおす』を上梓《じょうし》した。この本の主張をまとめると、日本人の教育に対する公共的意義の再認識なくして、公教育費の増額は望めない、ということになる。ただ肝腎の「教育の公共的意義」を十分論じ切れておらず、筆者なりの教育の公的意義を示す必要があると感じていた。本書は、この前著が残した課題を、筆者なりにフォローしたものである。

前著刊行後、しばしば日本の公教育費の少なさが指摘され、報道機関からコメントを求められる場面も増えた。二〇一七年秋の衆議院選挙では、幼児教育や高等教育の無償化が本格的に議論された。教育費のことが話題にもならなかった時代を考えれば、それ自体は歓迎すべきことかもしれない。しかし財源が不明確だったり、無償化の目的、意義、また影響への考察が不十分だったりするなど、議論の水準が高いとは言い難い。

また筆者の関心は、単純な教育無償化にはない。公教育費は、公的制度のあり方を考える一つの切り口である。世の中には、税など多くの人の支払ったコストで支えられる公的制度が多々存在し、教育もその一つである。そのような公的制度がなくなれば、多くの人が困るはずだ。しかし価値観の多様化と、さまざまな技術革新で個人単位の選択行為が可能となり、公共空間や社会の重要性を意識する場は縮小している。

そうして、自分が無意味だと思ったものは、社会的に不要だ、無駄だと断じるような主張が跳梁跋扈《ちょうりょうばっこ》するようになる。しかし、ある人にとって意味はなくても、それを必要としている人がいることに想像力が及ばない。こうした独善的で情緒的な意見が、政治や政策に影響を与えるのは危険である。横行する乱暴な議論に、いかに説得的かつ論理的に、対抗言説を構築できるか、そこに人文・社会系の公共的意義が問われている。

ただし冒頭で述べたように、社会問題への解答は、白/黒と判別できるほど単純ではない。わかりやすさが求められる風潮にあるが、単純な事象を小難しく説明して煙に巻くのは論外としても、安直に解答があると誘導するのは、社会科学的に誠実とはいえない。本書で展開したように、社会科学は、自然科学の方法を単に社会に適用したものではない。だからこそ、自然科学とは別の固有の価値や専門性が存在する。一つの事象に対し、科学的とされる方法を採用しても、多様な見方や解釈が存在し、そこに新たな発見があること、そのことを地道に社会に訴えていくことが人文・社会系研究に課せられた重要な使命であろう。

本書は、全体的には教育のポジティブな意義を主張するトーンで書かれているが、一方で社会問題の原因を学校や教育のせいにする、教育万能主義も幅を利かせている。十分な制度的支援がないまま、学校は過剰な責任や役割を負わされる。まともな検証もされないまま、改革が日常化し、現場は疲弊している。パフォーマンスの悪化は、改革の誤りではなく、改革が不徹底だと批判される。行政や政治の失敗の責任は、誰もとることはない。現場の矛盾や葛藤はより深刻化し、それまで存在した長所までが失われかねない。率直に言って、今の教育現場の置かれた状況を見て、楽観的で明るい将来像を描くのは極めて難しい。

だからこそ、読者には、教育という身近なテーマから、公的制度の社会的意義について考えてほしい。本書は、唯一の解答やマニュアルではない。しかし、教育を扱う最新の社会科学的な研究のトレンドは、できるだけ広く取り上げた。本書をもとに、教育に関する有益な議論が展開されることを望みたい。

二〇一四年の前著が望外の評価を受け、幸運にもサントリー学芸賞を受賞した。本書の企画は、その授賞式で、中央公論新社の上林達也さんと面識をもつこととなった時点に遡る。新書の執筆は初めてだが、内容の水準を下げず、専門外の人にも理解可能なように書くという、論文や専門書と異なる難しさがあった。上林さんとは何度も議論を重ね、筆者の問題意識を明確にすることができた。また詳細かつ的確に、筆者の文体の癖や表現の問題も指摘していただいた。本書執筆の意図や目標が達成されたか否かは、読者の判断を俟つしかないが、もしそれが部分的でも実現されたとすれば、それは上林さんのサポートによる。

また前著同様、本書も執筆に想定以上の時間が経過してしまったが、執筆に至るまでに、大阪大学人間科学部および大学院人間科学研究科、また集中講義で赴いた東北大学教育学部と京都大学大学院教育学研究科で扱った文献や議論も、本書の構成に大きく寄与している。当時の受講生ならびに、同僚である近藤博之先生、また集中講義の機会を与えてくださった秋永雄一先生、三輪哲先生、岩井八郎先生には特にお礼申し上げたい。

本書で用いたＳＳＭ調査は、日本学術振興会科学研究費補助金特別推進研究（ＪＰ２５０００００１）の助成を受けたものであり、データの使用にあたっては研究会の許可を得た。またＪＬＰＳ調査の実施、および研究は、科学研究費補助金基盤研究（Ｓ）（ＪＰ１８１０３００３、ＪＰ２２２２３００５）、東京大学社会科学研究所研究資金、株式会社アウトソーシングからの奨学寄付金を受けている。データの使用にあたっては、東京大学社会科学研究所パネル運営委員会の許可を受けた。また本書は、日本学術振興会科学研究費補助金基盤研究（Ｃ）（１５Ｋ０４３５９）および基盤研究（Ｂ）（１５Ｈ０３４９０）の研究成果の一部である。

最後に、本書のもととなる研究活動は、家族の支えなくして継続できなかった。日頃、はっきりと口にすることはないのだが、本書の刊行を通じて、家族に感謝の意を表明したい。

二〇一八年一月

中澤　渉

参考文献

柳治男（2005）『〈学級〉の歴史学　自明視された空間を疑う』講談社。

矢野眞和（2015）『大学の条件　大衆化と市場化の経済分析』東京大学出版会。

矢野眞和・濱中淳子・小川和孝（2016）『教育劣位社会　教育費をめぐる世論の社会学』岩波書店。

渡辺秀樹（1989）「家族の変容と社会化論再考」『教育社会学研究』第44集：28-49。

図版出典：セオドア・シュルツ、ジェームズ・コールマン（AP/アフロ)、ピエール・ブルデュー（Gamma Rapho/アフロ)、ゲーリー・ベッカー（読売新聞社）

岩崎久美子（2010）「教育におけるエビデンスに基づく政策　新たな展開と課題」『日本評価研究』10（1）: 17-29。

苅谷剛彦（1995）『大衆教育社会のゆくえ　学歴主義と平等神話の戦後史』中公新書。

川口大司（2011）「ミンサー型賃金関数の日本の労働市場への適用」RIETI Discussion Paper Series 11-J-026。

国立教育政策研究所編（2012）『教育研究とエビデンス　国際的動向と日本の現状と課題』明石書店。

近藤博之（2014）「ハビトゥス概念を用いた因果の探求」『理論と方法』29（1）: 1-15。

近藤孝弘（2005）『ドイツの政治教育　成熟した民主社会への課題』岩波書店。

森田洋司（2010）『いじめとは何か　教室の問題、社会の問題』中公新書。

中室牧子・津川友介（2017）『「原因と結果」の経済学　データから真実を見抜く思考法』ダイヤモンド社。

尾中文哉（1989）「イエズス会修道士学校の試験制度についての社会学的考察　定期試験の誕生」『教育社会学研究』第四四集：119-131。

太田肇（2017）『なぜ日本企業は勝てなくなったのか　個を活かす「分化」の組織論』新潮社。

太田肇（2017）『ムダな仕事が多い職場』ちくま新書。

大竹文雄（2017）『競争社会の歩き方　自分の「強み」を見つけるには』中公新書。

妹尾渉・日下田岳史（2011）「『教育の収益率』が示す日本の高等教育の特徴と課題」『国立教育政策研究所紀要』140 集：249-263。

島一則（2013）「教育投資収益率研究の現状と課題―海外・国内の先行研究の比較から」『大学経営政策研究』3：15-35。

竹内洋（1999）『学歴貴族の栄光と挫折』中央公論新社。

谷聖美（2005）『アメリカの大学　ガヴァナンスから教育現場まで』ミネルヴァ書房。

マーチン・トロウ（1976）天野郁夫・喜多村和之訳『高学歴社会の大学－エリートからマスへ』東京大学出版会。

津谷喜一郎（2000）「コクラン共同計画とシステマティック・レビュー　EBMにおける位置付け」『公衆衛生研究』第 49 巻 4 号：313-319。

内田良（2015）『教育という病　子どもと先生を苦しめる「教育リスク」』光文社新書。

内田良（2017）『ブラック部活動　子どもと先生の苦しみに向き合う』東洋館出版社。

潮木守一（1962）「教育計画の経済的基盤をめぐる諸理論　序論的考察」『教育社会学研究』第 17 集：90-105。

潮木守一（1992）『ドイツの大学　文化史的考察』講談社学術文庫。

潮木守一（1993）『アメリカの大学』講談社学術文庫。

Catholic School Effect on Learning." *Sociology of Education* 74: 341–374.

Patterson, James T. 2001. *Brown v. Board of Education: A Civil Rights Milestone and Its Troubled Legacy*. Oxford: Oxford University Press.（2010、粉岡宏成訳『ブラウン判決の遺産　アメリカ公民権運動と教育制度の歴史』慶應義塾大学出版会）

Raudenbush, Stephen W. and Robert D. Eschmann. 2015. "Does Schooling Increase or Reduce Social Inequality?" *Annual Review of Sociology* 41: 443–470.

Sahlberg, Pasi. 2006. "Education Reform for Raising Economic Competitiveness." *Journal of Educational Change* 7（4）: 259–287.

Stevens, Mitchell L., Elizabeth A. Armstrong and Richard Arum. 2008. "Sieve, Incubator, Temple, Hub: Empirical and Theoretical Advances in the Sociology of Higher Education." *Annual Review of Sociology* 34: 127–151.

Stevens, Mitchell L. and Ben Gebre-Medhin. 2016. "Association, Service, Market: Higher Education in American Political Development." *Annual Review of Sociology* 42: 121–142.

Torche, Florencia. 2011. "Is a College Degree Still the Great Equalizer?: Intergenerational Mobility across Levels of Schooling in the United States." *American Journal of Sociology* 117（3）: 763–807.

Weick, Karl E. 1976, "Educational Organizations as Loosely Coupled Systems." *Administrative Science Quarterly*, 21: 1–19.

Xie, Yu. 2007. "Otis Dudley Duncan's Legacy: The Demographic Approach to Quantitative Reasoning in Social Science." *Research in Social Stratification and Mobility* 25: 141–156.

赤林英夫・中村亮介（2011）「学級規模縮小が学力に与えた効果の分析　横浜市公開データに基づく実証分析」KEIO/KYOTO GLOBAL COE DISCUSSION PAPER SERIES 005
（http://ies.keio.ac.jp/old_project/old/gcoe-econbus/pdf/dp/DP2011-005.pdf）

赤林英夫（2017）「幼児教育の無償化はマジックか　日本の現状から出発した緻密な議論を」SYNODOS（https://synodos.jp/education/19911）

天野郁夫（2009）」『大学の誕生（上）（下）』中公新書。

濱口桂一郎（2009）『新しい労働社会　雇用システムの再構築へ』岩波新書。

早川誠（2014）『代表制という思想』風行社。

広田照幸（2015）『教育は何をなすべきか　能力・職業・市民』岩波書店。

星野崇宏（2009）『調査観察データの統計科学　因果推論・選択バイアス・データ融合』岩波書店。

石田浩（2012）「社会科学における因果推論の可能性」『理論と方法』27（1）: 1–18。

伊藤公一朗（2017）『データ分析の力　因果関係に迫る思考法』光文社新書。

岩木秀夫（1977）「総合選抜制度の教育効果　学力水準との関連で」『教育社会学研究』第32集：80–92。

Education 89（3）: 207–220.

Fujihara, Sho and Hiroshi Ishida. 2016. "The Absolute and Relative Values of Education and the Inequality of Educational Opportunity: Trends in Access to Education in Postwar Japan." *Research in Social Stratification and Mobility* 43: 25–37.

Galliher, John F. and James M. Galliher. 1995. *Marginality and Dissent in Twentieth-Century American Sociology: The Case of Elizabeth Briant Lee and Alfred McClung Lee*. Albany: State University of New York Press.

Goldin, Claudia and Lawrence F. Katz. 2010. *The Race between Education and Technology*. Belknap Press.

Goldthorpe, John H. 2016. "Social Class Mobility in Modern Britain: Changing Structure, Constant Process." *Journal of British Academy* 4: 89–111.

Hargreaves, Andy and Ivor Goodson. 2006. "Educational Change Over Time? The Sustainability and Nonsustainability of Three Decades of Secondary School Change and Continuity." *Educational Administration Quarterly* 42（1）: 3–41.

Heckman, James J. 2013. *Giving Kids a Fair Chance*. MIT Press.（2015、大竹文雄解説・古草秀子訳『幼児教育の経済学』東洋経済新報社）

Heinz, Dieter Meyer and Brian Rowan eds.,2006, *The New Institutionalism in Education*, State University of New York Press.

Hout, Michael. 2012. "Social and Economic Returns to College Education in the United States." *Annual Review of Sociology* 38: 379–400.

Kilgore, Sally B. 2016. "The Life and Times of James S. Coleman." *Education Next* 16（2）: 8–16.

Lareau, Annette. 2011. *Unequal Inequality: Class, Race, and Family Life: Second Edition*. Berkeley: University of California Press.

Lauder, Hugh, Michael Young, Harry Daniels, Maria Balarin and John Lowe eds. 2012. *Educating for the Knowledge Economy? Critical Perspective*. London and New York: Routledge.

Lieberson, Stanley. 1985. *Making It Count: The Improvement of Social Research and Theory*. Berkeley: University of California Press.

Lucas, Samuel R. 2001. "Effectively Maintained Inequality: Education Transitions, Track Mobility, and Social Background Effects." *American Journal of Sociology* 106: 1642–1690.

Lucas, Samuel R. 2017. "An Archaeology of Effectively Maintained Inequality Theory." *American Behavioral Scientist* 61（1）: 8–29.

Lucas, Samuel R. and Delma Byrne. 2017. "Seven Principles for Assessing Effectively Maintained Inequality." *American Behavioral Scientist* 61（1）132–160.

Meyer, John W. and Brian Rowan. 1977. "Institutional Organizations: Formal Structure as Myth and Ceremony." *American Journal of Sociology*, 83: 340–363.

Morgan, Stephen. 2001. "Counterfactuals, Causal Effect Heterogeneity, and the

参考文献

Adamson, Frank, Björn Åsrand, and Linda Darling-Hammond eds. 2016. *Global Education Reform: How Privatization and Public Investment Influence Education Outcomes*. New York: Routledge.

Alexander, Karl. and Stephen L. Morgan. 2016. "The Coleman Report at Fifty: Its Legacy and Implications for Future Research on Educational Opportunity." *The Russell Sage Foundation Journal of the Social Sciences* 2（5）: 1-16.

Baker, David P. 2014. *The Schooled Society: The Educational Transformation of Global Culture*. Stanford, CA: Stanford University Press.

Beck, Ulrich. 1986. *Risikogesellschaft: Auf dem Weg in eine andere Moderne*. Frankfurt am Main: Suhrkamp Verlag.（1998、東廉・伊藤美登里訳『危険社会　新しい近代への道』法政大学出版局）

Berg, Ivar. 1971. *Education and Jobs: The Great Training Robbery*. New York: Praeger.

Bernardi, Fabrizio. 2014. "Compensatory Advantage as a Mechanism of Educational Inequality: A Regression Discontinuity Based on Month of Birth." *Sociology of Education* 87（2）: 74-88.

Bourdieu, Pierre and Loïc J.D. Wacquant. 1992. *Résponses: pour une anthropologie réflexive*. Paris: Éditions du Seuil.（2007、水島和則訳『リフレクシヴ・ソシオロジーへの招待　ブルデュー、社会学を語る』藤原書店）

Brand, Jennie E. and Yu Xie. 2010. "Who Benefits Most from College?: Evidence from Negative Selection in Heterogeneous Economic Returns in Higher Education." *American Sociological Review* 75（2）: 273-302.

Breen, Richard, Ruud Luijkx, Walter Müller, and Reinhard Pollak. 2009, "Nonpersistent Inequality in Educational Attainment: Evidence from Eight European Countries." *American Journal of Sociology*, 114（5）: 1475-1521.

Brown, Phillip, Hugh Lauder and David Ashton. 2011. *The Global Auction: The Broken Promises of Education, Jobs, and Incomes*. Oxford: Oxford University Press.

Bukodi, Erzsébet and John H. Goldthorpe. 2013. "Decomposing 'Social Origins': The Effects of Parents Class, Status, and Education on the Educational Attainment of Their Children."*European Sociological Review* 29（5）: 1024-39.

Coleman, James S., Ernest Q. Campbell, Carol J. Hobson, James McPartland, Alexander M. Mood, Frederic D. Weinfeld and Robert L. York. 1966. *Equality of Educational Opportunity*. Washington D.C.: US government Printing Office.

Downey, Douglas B., Paul T. von Hippel and Beckett A. Broh. 2004. "Are Schools the Great Equalizer?: Cognitive Inequality during the Summer Months and the School Year." *American Sociological Review* 69（5）: 613-635.

Downey, Douglas B. and Dennis J. Condron. 2016. "Fifty Years since the Coleman Report: Rethinking the Relationship between Schools and Inequality." *Sociology of*

中澤 渉（なかざわ・わたる）

1973年埼玉県生まれ．慶應義塾大学文学部卒業，東京大学大学院教育学研究科博士課程単位取得退学．博士（教育学）．東洋大学社会学部准教授，大阪大学大学院人間科学研究科准教授などを経て，2018年4月より大阪大学大学院人間科学研究科教授．

著書『入試改革の社会学』（東洋館出版社，2007年）
『なぜ日本の公教育費は少ないのか』（勁草書房，2014年，サントリー学芸賞）
共編著『格差社会の中の高校生』（勁草書房，2015年）
共著『社会のなかの教育』（岩波書店，2016年）
など

日本《にほん》の公教育《こうきょういく》
中公新書 2477

2018年3月25日発行

著 者 中澤 渉
発行者 大橋善光

本文印刷 暁印刷
カバー印刷 大熊整美堂
製 本 小泉製本

発行所 中央公論新社
〒100-8152
東京都千代田区大手町1-7-1
電話 販売 03-5299-1730
編集 03-5299-1830
URL http://www.chuko.co.jp/

Published by CHUOKORON-SHINSHA, INC.
Printed in Japan ISBN978-4-12-102477-0 C1237

中公新書刊行のことば

いまからちょうど五世紀まえ、グーテンベルクが近代印刷術を発明したとき、書物の大量生産は潜在的可能性を獲得し、いまからちょうど一世紀まえ、世界のおもな文明国で義務教育制度が採用されたとき、書物の大量需要の潜在性が形成された。この二つの潜在性がはげしく現実化したのが現代である。

いまや、書物によって視野を拡大し、変りゆく世界に豊かに対応しようとする強い要求を私たちは抑えることができない。この要求にこたえる義務を、今日の書物は背負っている。だが、その義務は、たんに専門的知識の通俗化をはかることによって果たされるものでもなく、通俗的好奇心にうったえて、いたずらに発行部数の巨大さを誇ることによって果たされるものでもない。現代を真摯に生きようとする読者に、真に知るに価いする知識だけを選びだして提供すること、これが中公新書の最大の目標である。

私たちは、知識として錯覚しているものによってしばしば動かされ、裏切られる。私たちは、作為によってあたえられた知識のうえに生きることがあまりに多く、ゆるぎない事実を通して思索することがあまりにすくない。中公新書が、その一貫した特色として自らに課すものは、この事実のみの持つ無条件の説得力を発揮させることである。現代にあらたな意味を投げかけるべく待機している過去の歴史的事実もまた、中公新書によって数多く発掘されるであろう。

中公新書は、現代を自らの眼で見つめようとする、逞しい知的な読者の活力となることを欲している。

一九六二年一一月

中公新書

哲学・思想

a1

- 1 日本の名著（改版）　桑原武夫編
- 2187 物語 哲学の歴史　伊藤邦武
- 2378 保守主義とは何か　宇野重規
- 2288 フランクフルト学派　細見和之
- 2300 フランス現代思想史　岡本裕一朗
- 2036 日本哲学小史　熊野純彦編著
- 832 外国人による日本論の名著　佐伯彰一・芳賀徹編
- 1696 日本文化論の系譜　大久保喬樹
- 2243 武士道の名著　山本博文
- 312 徳川思想小史　源了圓
- 2097 江戸の思想史　田尻祐一郎
- 2276 本居宣長　田中康二
- 2458 折口信夫　植村和秀
- 1989 諸子百家　湯浅邦弘
- 2153 論語　湯浅邦弘
- 36 荘子　福永光司
- 1695 韓非子　冨谷至
- 1120 中国思想を考える　金谷治
- 2042 菜根譚　湯浅邦弘
- 2220 言語学の教室　西村義樹・野矢茂樹
- 1862 入門！論理学　野矢茂樹
- 448 詭弁論理学（改版）　野崎昭弘
- 593 逆説論理学　野崎昭弘
- 2087 フランス的思考　石井洋二郎
- 1939 ニーチェ ツァラトゥストラの謎　村井則夫
- 2257 ハンナ・アーレント　矢野久美子
- 2339 ロラン・バルト　石川美子
- 674 時間と自己　木村敏
- 1829 空間の謎・時間の謎　内井惣七
- 814 科学的方法とは何か　浅田彰・黒田末寿・佐和隆光・長野敬・山口昌哉
- 1333 生命知としての場の論理　清水博
- 2176 動物に魂はあるのか　金森修
- 2203 集合知とは何か　西垣通

中公新書

心理・精神医学

c1

政治・法律

h1

125 法と社会　碧海純一
1865 ドキュメント 検察官　読売新聞社会部
819 アメリカン・ロイヤーの誕生　阿川尚之
2347 代議制民主主義　待鳥聡史
2469 議院内閣制―変貌する英国モデル　高安健将
1905 日本の統治構造　飯尾潤
1687 日本の選挙　加藤秀治郎
1708 日本型ポピュリズム　大嶽秀夫
2283 日本政治とメディア　逢坂巌
1845 首相支配―日本政治の変貌　竹中治堅
2428 自民党―「一強」の実像　中北浩爾
2181 政権交代　小林良彰
2233 民主党政権 失敗の検証　日本再建イニシアティブ
2101 国会議員の仕事　林芳正 津村啓介
2370 公明党　薬師寺克行
1522 戦後史のなかの日本社会党　原彬久
2090 都知事　佐々木信夫
2191 大阪―大都市は国家を超えるか　砂原庸介
2224 政令指定都市　北村亘
2418 沖縄問題―リアリズムの視点から　高良倉吉編著
2439 入門 公共政策学　秋吉貴雄

中公新書

政治・法律

108 国際政治（改版）　高坂正堯
1686 国際政治とは何か　中西寛
2190 国際秩序　細谷雄一
1899 国連の政治力学　北岡伸一
2410 ポピュリズムとは何か　水島治郎
2207 平和主義とは何か　松元雅和
2195 入門 人間の安全保障　長有紀枝
2394 難民問題　墓田桂
2133 文化と外交　渡辺靖
113 日本の外交　入江昭
1000 新・日本の外交　入江昭
2402 現代日本外交史　宮城大蔵
2366 入門 国境学　岩下明裕
1825 北方領土問題　岩下明裕
2068 ロシアの論理　武田善憲
2405 欧州複合危機　遠藤乾
2172 中国は東アジアをどう変えるか　白石隆　ハウ・カロライン
2215 戦略論の名著　野中郁次郎編著
700 戦略的思考とは何か　岡崎久彦
721 地政学入門（改版）　曽村保信
2450 現代日本の地政学　日本再建イニシアティブ
1272 アメリカ海兵隊　野中郁次郎

1242	社会学講義	富永健一
1910	人口学への招待	河野稠果
1646	人口減少社会の設計	松谷明彦 藤正巖
2282	地方消滅	増田寛也編著
2333	地方消滅 創生戦略篇	増田寛也 冨山和彦
2355	東京消滅―介護破綻と地方移住	増田寛也編著
2454	人口減少と社会保障	山崎史郎
2446	人口減少時代の土地問題	吉原祥子
1914	老いてゆくアジア	大泉啓一郎
760	社会科学入門	猪口孝
1479	安心社会から信頼社会へ	山岸俊男
2322	仕事と家族	筒井淳也
2475	職場のハラスメント	大和田敢太
2431	定年後	楠木新
2070	ルポ 生活保護	本田良一
2121	老後の生活破綻	西垣千春
2422	貧困と地域	白波瀬達也
1894	私たちはどうつながっているのか	増田直紀
2138	ソーシャル・キャピタル入門	稲葉陽二
2184	コミュニティデザインの時代	山崎亮
2037	社会とは何か	竹沢尚一郎
1537	不平等社会日本	佐藤俊樹
265	県民性	祖父江孝男
1164	在日韓国・朝鮮人	福岡安則
2474	原発事故と「食」	五十嵐泰正